Base naval en Guantánamo:
Estados Unidos *versus* Cuba

Base naval en Guantánamo: Estados Unidos *versus* Cuba

Ernesto Limia Díaz
Elier Ramírez Cañedo
Harold Bertot Triana
René González Barrios

New York • Oakland • London

Derechos © 2016 Ernesto Limia Díaz, Elier Ramírez Cañedo, Harold Bertot Triana,
René González Barrios
Derechos © 2016 Ocean Press y Ocean Sur

Todos los derechos reservados. Ninguna parte de esta publicación puede ser reproducida, conservada en un sistema reproductor o transmitirse en cualquier forma o por cualquier medio electrónico, mecánico, fotocopia, grabación o cualquier otro, sin previa autorización del editor.

Seven Stories Press/Ocean Sur
140 Watts Street
New York, NY 10013
www.sevenstories.com

ISBN: 978-1-925317-30-5

Índice

Prólogo	1
Jorge Bolaños Suárez	
La Enmienda Platt y la ilegalidad de la estación naval en la bahía de Guantánamo	5
Ernesto Limia Díaz	
El Tratado de Relaciones de 1934 y la base naval norteamericana en Guantánamo. Nuevo rostro de una ilegalidad	31
Elier Ramírez Cañedo	
La estación naval de Guantánamo y el Derecho Internacional	47
Harold Bertot Triana	
Impactos de la base naval de Estados Unidos en la bahía de Guantánamo	89
René González Barrios	
Anexos	103
Notas	137
Bibliografía	145
Autores	151

Prólogo

Jorge Bolaños Suárez[*]

El presente libro nos obsequia una valiosa y articulada selección de ensayos que resultan del mayor interés para ampliar conocimientos y profundizar en la interpretación de nuestra historia *vis à vis* con Estados Unidos; sobre todo en tiempos en que, desde el Norte, se nos invita a olvidar un pasado que sigue siendo presente. Pienso que su lectura será muy provechosa no solo para los cubanos sino también para otros y, en particular, para las actuales generaciones de estadounidenses que, en grado creciente, visitan nuestro país interesados en el estudio de las relaciones con Cuba y que, por lo general, poco conocen sobre la verdadera historia de un conflicto que se comenzó a gestar antes de que las trece colonias se constituyeran como Estado nación, y que ha persistido por ciento noventa y tres años.

En Estados Unidos se considera a la Doctrina Monroe, proclamada en 1823, como la primera en materia de política exterior; y muchos son los autores que la estiman motivada, en primera instancia, por la ambición de apoderarse de Cuba. Lo que vino después tiene que ver con dicha doctrina, y entre las manifestaciones más tempranas se encuentran la intervención en nuestra guerra de independencia, la ocupación militar y la Enmienda Platt, símbolo del advenimiento del imperio que Martí nos anticipara y que luego fuera abandonada —al ser considerada innecesaria por el presidente

---

[*] Diplomático cubano y Profesor Auxiliar del Instituto de Relaciones Internacionales. Fue Jefe de la Oficina de Intereses de Cuba en Washington.

Franklin D. Roosevelt a raíz del obediente acuerdo de 1934—, pero cuyos vestigios perviven intactos en el territorio cubano ocupado por la base naval estadounidense.

Los veintidós presidentes que desde 1903 han pasado por la Casa Blanca, incluyendo a Barack Obama, han mantenido inmutable dicha base militar y le han adjudicado un supuesto carácter estratégico desde el punto de vista de la seguridad. Pero en la actualidad este argumento carece de validez y de este emana una arrogancia imperial comparable a una crónica de Tucídides. Algo similar podría afirmarse de los presidentes cubanos de la seudorepública, quienes, por oportunismo, entreguismo o vocación anexionista, dieron mansamente la espalda a los dignos y reiterados reclamos del pueblo cubano. Lo recuerda aquella tonada que escuché de mis mayores: «no queremos dos banderas ni tampoco carboneras».

Con el triunfo de la Revolución, en enero de 1959, Cuba fue al fin rescatada para los cubanos y entonces se escuchó, por vez primera, la demanda oficial de la devolución del territorio ilegalmente ocupado en el inolvidable discurso que el Comandante en Jefe Fidel Castro Ruz pronunciara en la Asamblea General de las Naciones Unidas.

Este libro sale a la luz oportunamente, en un momento en que las relaciones entre Cuba y Estados Unidos, una vez restablecidas, transitan por un largo y no menos complejo proceso en el que precisamente el tema de la base naval constituye un asunto de interés nacional y de imprescindible solución para arribar a la eventual normalización de los vínculos que merecen nuestros pueblos.

Al leer este volumen, no pude menos que recordar una conversación que sostuve en Londres con el entonces exiliado namibio, Sam Nujoma, quien refiriéndose a la otrora Sudáfrica dijo, usando una frase en su propia lengua: «qué difícil es vivir al lado de un elefante». Compartí su sentimiento porque en Guantánamo nuestro poderoso y cercano vecino nos impuso un gigantesco elefante para que viviera perennemente a nuestro lado. Hoy Namibia es una nación libre y su vecino más próximo no es un elefante, sino la fraterna república que refundara Mandela. Mientras tanto, el fantasma imperial de la Enmienda Platt sigue presente a pesar del histórico y digno repudio del pueblo y gobierno cubanos... ¡Por ahora!

La Enmienda Platt y la ilegalidad de la estación naval en la bahía de Guantánamo

Ernesto Limia Díaz

Cuando, en 1898, Estados Unidos intervino en la guerra de independencia de Cuba, la victoria mambisa era cuestión de tiempo y la esperanza de constituir un Estado nacional se iba a concretar tras treinta años de lucha. Por la riqueza y ubicación de la Isla —a la entrada del golfo de México—, durante nueve décadas Washington se había mantenido a la espera —activa— de una coyuntura favorable; pero a fines del siglo XIX esta pretensión tenía una connotación especial. Avanzaba la globalización económica y los monopolios que emergieron como resultado de la fusión entre los bancos y la industria —lo cual dio paso al capital financiero— se lanzaron a conquistar mercados, fijar precios y acaparar materias primas; mas para conseguirlo necesitaban de Estados fuertes, capaces de imponerse mediante la guerra de conquista, y ello reactivó la expansión colonial.

Estados Unidos, cuyas ventas alcanzaban los mil millones de dólares, tenía en 1890 un ejército regular de 25 000 hombres —era en esto el decimocuarto del mundo— y una débil Armada, menor que la de Italia, pese a que en poderío industrial la superaba trece veces. La Ley de la Marina de 1883 había inaugurado la construcción de cruceros de acero, después que su élite financiera había convenido en que la prosperidad de la nación reclamaba una vigorosa política exterior indisolublemente ligada a la supremacía naval, lo cual implicaba establecer bases y estaciones carboneras en aguas extranjeras para imponer una política de puertas abiertas a su comercio, que aliviaría el problema del bajo consumo doméstico y evitaría las crisis económicas como la de 1893, que exacerbó la lucha de clases en el país. El senador Henry Cabot Lodge, uno de los ideólogos más importantes de los sectores expansionistas, definió el curso de acción nacional con una frase que se hizo célebre: «El comercio sigue a la bandera».[1]

La conquista de California y la compra de Alaska convirtieron a Estados Unidos en una potencia del Pacífico y en 1898 el país estaba preparado para la expansión ultramarina. Sintiéndose prácticamente intocables en América Latina, contemplada en la Doctrina Monroe como su esfera de influencia, los sectores expansionistas invocaron el interés nacional para lanzarse a la más vasta arena internacional, con el Lejano Oriente como meta, en particular Japón y China, donde los propios nipones, Rusia, Alemania, Francia, Italia y Gran Bretaña se disputaban los espacios de influencia. Un obstáculo se interponía en sus propósitos: las Escuadras del Pacífico y el Atlántico estaban muy distantes entre sí; para apoyarse en caso necesario tenían que bordear todo el continente hasta el estrecho de Magallanes. El istmo de Centroamérica ofrecía la solución y, con ello, el Caribe adquiría una importancia decisiva. Se trataba de sentar las bases de un nuevo imperio y para conseguirlo resultaba imprescindible despojar a España de Cuba, Puerto Rico y Filipinas.

En el otoño de 1897, el capitán de navío Albert T. Mahan, principal teórico del núcleo intelectual encargado de sembrar en la conciencia nacional las bases ideológicas de la nueva concepción geopolítica, publicó un ensayo fundamental: un nuevo «destino manifiesto» estaba en marcha y exigía el control del istmo, bases en el Pacífico y el dominio del Caribe, entre la costa este estadounidense y Panamá. El estrecho de Maisí o Paso de los Vientos, en el extremo este de Cuba, era la llave del área y por su posición ventajosa, fuerza y recursos, la Mayor de las Antillas resultaba clave para controlarlo. Fue el pitazo de salida. Tras generar un escenario apropiado, cuatro meses después Estados Unidos aprovechó la voladura del *Maine* para declarar la guerra a España. La pérdida irreparable de José Martí y Antonio Maceo, dos profundos pensadores antimperialistas de extraordinaria visión política, había dejado debilitado a nuestro pueblo frente al vendaval norteño; no obstante, la determinación del Ejército Libertador y la popularidad de la gesta en la Unión entorpecieron los designios imperiales; al menos tal como los concebían quienes clamaban por la anexión. Las presiones de amplios sectores políticos, académicos y de la población obligaron a la administración McKinley a justificar la intervención militar en Cuba alegando razones humanitarias; encubrir el interés expansionista bajo el disfraz de un acto justiciero le daba contenido moral a la declaración de guerra contra España.

El 11 de abril de 1898, cuando el republicano William McKinley solicitó autorización al Congreso para entrar al conflicto hispano-cubano, no reconoció la beligerancia de Cuba ni mencionó que el objetivo fundamental de su política fuera la independencia de la Mayor de las Antillas, como la prensa había estado publicando. Una gestión de Horatio S. Rubens, amigo de Martí y asesor legal de la República en Armas, frenó a los anexionistas. Rubens acudió a Henry M. Teller, senador por Colorado —un Estado productor de azúcar de remolacha, al que la anexión de un competidor como Cuba podría perjudicar—, y obtuvo de él una cláusula trascendental: «Los Estados Unidos renuncian a toda intención o disposición de ejercer soberanía, jurisdicción o control sobre la Isla, salvo para la pacificación de la misma, y declaran su determinación, cuando eso se haya logrado, de dejar el gobierno y control de la Isla a su pueblo».[2]

Por ocho días se debatió en el Capitolio la petición de McKinley, hasta que el 19 de abril el Congreso aprobó intervenir en la guerra mediante una Resolución Conjunta, a cuyo texto el senador Henry M. Teller consiguió incorporarle la cláusula gestionada con él por Horatio S. Rubens, que trascendió como Enmienda Teller, y en virtud de la cual la anexión de Cuba se convirtió en un acto violatorio de las leyes estadounidenses. El 20 de abril la sancionó el mandatario. Dos meses después, el 14 de junio, poco más de 600 infantes de marina y un centenar de combatientes del Ejército Libertador tomaban Caimanera. Estados Unidos podría disponer de una estratégica base de operaciones y aseguramiento logístico; fue su primer desembarco en la Isla: se había concretado el proyecto de Alfred T. Mahan.

Una escuadra arribó el 20 de junio a la costa santiaguera con 16 286 hombres bajo las órdenes del general William R. Shafter, comandante del 5to. Cuerpo del Ejército de Estados Unidos, y desde ese instante comenzaron las operaciones con la más estrecha cooperación del Ejército Libertador. Los cubanos asumieron las misiones de mayor riesgo; pese a ello el mando norteamericano no incluyó a ningún jefe insurrecto en la firma de la capitulación de Santiago de Cuba, el 16 de julio, ni se les permitió entrar a la ciudad después de rendida. Los estadounidenses se comportaron como un ejército conquistador en un campo de batalla e impusieron sus condiciones de paz.

Finalmente, el 10 de diciembre de 1898 se cerró en París el trato con que culminaba la primera guerra imperialista de los tiempos modernos: los españoles perdieron sus últimas posesiones en América, la isla de Guam y Filipinas; mientras que Estados Unidos quedó oficialmente convertido en potencia mundial con un imperio en ultramar. A espaldas del pueblo cubano, se acordó que España renunciaba a todo derecho de soberanía y propiedad sobre la Mayor de las Antillas, la cual sería ocupada por la Unión con un carácter temporal. La paz dejó en un limbo legal —pues estaba supeditada a las leyes norteamericanas— la independencia de Cuba, tema que ni siquiera se mencionó en la Ciudad Luz. Henry Cabot Lodge, al hacer un balance de este resultado, escribió poco después que, pese a su corta duración, el conflicto tuvo un alcance esencial, concienzudamente calculado:

> Por espacio de trescientos años se ha estado presenciando en el mundo, el conflicto [...] entre la gente que habla inglés, por un lado, y los franceses y los españoles por el otro, con respecto a la dominación de América. Francia cayó [...] en 1760, y ahora, en 1898, desapareció por completo el vestigio que quedaba del poder español en el Nuevo Mundo. Semejante resultado era inevitable. La gente que habla inglés posee ya, por lo menos, la mitad de la América, y ha cerrado la otra mitad y las grandes islas del mar de las Antillas a toda otra dominación [...]. Tal fue, y no otro, el objeto inmediato, y el propósito real de la guerra [...].
> Cuando el toque de llamada para la guerra resonó en el país, el pueblo americano percibió [...] que había fundado un imperio [...] que se hallaba en posesión de uno de los dos lados del Pacífico, que no podía ser indiferente por más tiempo a la suerte del otro, en el remoto Oriente. La culminación del movimiento de anexión de Hawai, en el mismo año que presenció la guerra con España, no fue un mero accidente. Todo vino del instinto de raza, que si se detuvo en California fue solo para pensar con mayor detenimiento que debía seguir su marcha rumbo al Oriente, y que los americanos y nadie más que ellos deben ser dueños de los caminos del Pacífico.[3]

Tras asumir el mando de Cuba, el 1ro. de enero de 1899, el gobierno de Estados Unidos puso en marcha una intensa campaña dirigida a generar un clima que justificara extender la ocupación hasta popularizar el interés anexionista. De acuerdo con la Enmienda Teller, su única misión era establecer la paz; pero cumplida esa fase se declaró que se enseñaría a los cubanos a gobernarse a sí mismos. Horatio S. Rubens, entonces asesor legal del gobierno interventor, opinó que «a este fin es curioso que se escogieran elementos militares, que, en términos generales, habían tenido menos experiencia en el ejercicio del gobierno civil que en otros sectores de la vida americana».[4] Uno de ellos, el general James H. Wilson, jefe militar de Matanzas, apreciaba que la línea de menor resistencia para absorber la Isla «por medio de naturales, voluntarios y progresivos pasos» era la de establecer un gobierno independiente que reconociera la Doctrina Monroe. Así lo hizo saber en un informe al Departamento de Guerra, el 7 de septiembre de 1899, en el que recomendó firmar un tratado que incluyera «la cesión de una o más estaciones navales, para la mejor protección de los puertos americanos situados en el Golfo de México y de los canales interoceánicos que pudieran ser construidos, bajo los auspicios de los Estados Unidos en Nicaragua o Panamá».[5]

Una comisión del Congreso estudiaba el proyecto de un canal en Nicaragua y el Departamento de Estado inició gestiones en Londres para renegociar el Tratado de Clayton-Bulwer, de 1850, por el que ambas naciones renunciaron a la exclusividad de una empresa de ese tipo en el río San Juan y prometieron no invadir Centroamérica;[6] en paralelo, hombres de negocio afiliados al Partido Republicano exploraban las intenciones de venta de la compañía francesa que poseía los derechos del canal de Panamá.

Simultáneamente, un segmento de la prensa estadounidense agudizaba la campaña por la anexión de la Isla. Según se reseñaba, muchos opinaban que el Congreso se había precipitado al prometer a Cuba su independencia, en un acceso de sentimentalismo. Otros trataban de demonizar a los revolucionarios y a las bases populares que querían un Gobierno con plena soberanía nacional, calificándolos de «chusma», y daban por descontado que el destino de los cubanos estaba en la incorporación a Estados Unidos, debido a su incapacidad para autogobernarse, con un 80% de la población analfabeta y una economía postrada ante el mercado y el capital norteños. En Washington conocían la creciente frustración en Cuba, sobre todo tras la anexión de Hawái —a medio camino de Japón, donde ya visitaban los misioneros y productores de piña estadounidenses— y de Filipinas —a las puertas de los disputados mercados de China—; de hecho, algunos de sus mandos exageraban el estado de descontento en la Isla, para evitar la reducción de tropas. A McKinley no le quedó otra salida que tratar de aplacar los ánimos; aunque la manera en que lo hizo en su mensaje anual al Congreso, el 5 de diciembre de 1899, puso de manifiesto que su administración ganaba tiempo:

> La nueva Cuba, que tendrá que renacer de las cenizas del pasado, tiene por necesidad que estar unida a nosotros por vínculos de singular intimidad y energía, [...] que bien sean orgánicos o bien convencionales, han de responder al hecho de que los destinos de la Isla están ligados con los de nuestro propio país de una manera justa, a la par que irrevocable. Cómo y cuándo se resolverá definitivamente el problema es cosa que se verá en lo futuro, cuando los sucesos hayan ya llegado a su debida madurez.[7]

Los anhelos cubanos cobraron mayor notoriedad con la renuncia como secretario de Agricultura, Industria y Comercio del general mambí Juan Rius Rivera, quien por treinta años peleó al lado de Máximo Gómez y Antonio Maceo. Este prestigioso combatiente internacionalista puertorriqueño hizo pública una carta suya al coronel Cosme de la Torriente, en la que se mostró contrario a tomar por base de la acción política de los partidos cubanos el Tratado de París, pues no reconocía ni proyectaba conceder al país su independencia. El punto de partida debía ser la Resolución Conjunta y el Gobierno constituido debía recibir, junto al reconocimiento de Estados Unidos, el poder para ejercer soberanía en nombre de la

República de Cuba. La prensa lo aplaudió a coro; no se hablaba de otra cosa en La Habana y Wood se ofuscó: «Ningún miembro del gabinete podía permitirse, sin consulta previa, desa-hogos de cierta índole».[8] Rius Rivera no lo pensó un instante y le entregó el cargo.

Durante la elección de los ayuntamientos municipales quedó confirmado que la inmensa mayoría del pueblo cubano aspiraba a su independencia. La discusión en torno a este tema alcanzó el punto clímax en la primavera de 1900, cuando salió a flote un caso de corrupción en el que estaba involucrado prácticamente todo el cuerpo de funcionarios estadounidenses que administraba el correo postal de Cuba, en cuya oficina de La Habana se descubrió un desfalco de más de cien mil dólares. El escándalo se convirtió en la primera noticia de la prensa estadounidense; un titular del *Social Democratic Herald* de Chicago ilustra la matriz de opinión que se generalizó: «Saqueadores republicanos en Cuba».[9]

Augustus O. Bacon, prominente senador antimperialista afiliado al Partido Demócrata, reaccionó en el Congreso con una iniciativa que demandaba investigar el caso, que él consideró una consecuencia directa de dilatar la salida del contingente interventor. De acuerdo con su juicio, la única razón justa para que Estados Unidos ejerciera su autoridad sobre Cuba era llevar a vías de hecho los términos de la Resolución Conjunta; pero la paz reinaba desde hacía casi dos años y no se había constituido el Gobierno: «¿Por qué toda esta demora? ¿Acaso no se hace para posibilitar la anexión de Cuba, a pesar del compromiso establecido en la Enmienda Teller?» —preguntó antes de exigir la retirada inmediata.[10]

Los sectores antiexpansionistas protestaron con el argumento de que el advenimiento del imperio conduciría ineludiblemente al despotismo interior, una idea incluida en el programa electoral presentado por el Partido Demócrata en su Convención Nacional dos meses después. Nadie pudo, sin embargo, contener los planes expansionistas: el secretario de Guerra, Elihu Root, le remitió a

Wood un informe confidencial del Departamento de Marina resultante del estudio para elaborar el plan de protección al canal del istmo, que incluía preservar la posesión de Puerto Rico y garantizar la defensa de Cuba. Tras un minucioso análisis, sus especialistas concluyeron que para ejercer el control del Paso de los Vientos necesitaban una estación carbonera en Corinaso Point, a la entrada de la bahía de Guantánamo.

Entretanto, el 1ro. de junio el presidente del Subcomité de Asuntos Cubanos del Senado, Oliver H. Platt, comunicaba a Wood que los escándalos en La Habana y la guerra en Filipinas extendían el descontento contra la política colonial de la administración, y el Congreso podía exigir la salida de Cuba o convertir el tema en un asunto clave en las presidenciales de noviembre. Sugería aplicar la Resolución Conjunta de manera inteligente: «Será necesario asegurar unas relaciones con el nuevo gobierno, que salvaguarden y protejan no solo los intereses de Cuba, sino, además, nuestros propios intereses» —apuntó.[11]

Tres semanas más tarde, el 19 de junio, en su Convención Nacional el Partido Republicano reclamó todo el crédito por los resultados de la guerra hispano-cubano-norteamericana: «A diez millones de hombres se les dio nueva vida de libertad» —rezaba el documento programático; mientras en Filipinas las tropas yanquis apagaban la sublevación independentista con métodos que causaron a ese pueblo más de doscientos mil muertos. «No era posible otra cosa que la destrucción de la soberanía española sobre las Indias Occidentales y sobre las Islas Filipinas» —añadía; mas también «crea este hecho nuestra responsabilidad para con el mundo y con relación a los pueblos no organizados que nuestra intervención ha libertado de la soberanía de España para facilitarles el mantenimiento del orden y de las leyes, el establecimiento de un buen Gobierno y el cumplimiento de los deberes internacionales».[12] Todo estaba dicho y los candidatos elegidos se encargarían de materializar este designio: McKinley fue relanzado a la Casa Blanca y como compañero de fórmula el partido escogió a Theodore Roosevelt, «estrella» de la campaña en Cuba, de quien el reconocido antimperialista y profesor de Filosofía de la Universidad de Harvard, William James, había expresado: «Habla con excesiva efusión sobre la guerra, como si fuera la condición ideal de la sociedad humana».[13]

Wood fue llamado a Washington el 5 de julio. A su llegada la prensa especuló sobre los planes que se iban a concertar por la administración para el futuro Gobierno cubano. Nadie en el poder ejecutivo brindaba declaraciones y la reserva de quienes definirían los destinos de Cuba parecía absoluta, cuando funcionarios de menor rango filtraron a los medios que se proyectaba imponerle limitaciones para contraer deudas y compromisos políticos internacionales.

El 23 de julio, en La Habana, el periódico *La Discusión*, cuyo editor principal era el intelectual y periodista revolucionario Juan Gualberto Gómez, decidió salirle al paso al alarmante rumor. No se sabía hasta qué punto eran exactas las noticias, ni si McKinley apoyaba las ideas manejadas por los medios de prensa norteamericanos; pero bastaba que hubiesen salido a la luz pública para combatirlas: «¿Puede decirse que la nación cubana sería independiente y soberana, si para tratar con las demás naciones tuviera que hacerlo por el conducto de los Estados Unidos? ¿Si no pudiera contraer empréstitos sin el beneplácito del Gobierno yanqui; si este le prohibiera sostener el ejército y fomentar la marina de guerra que considerara necesarios para su seguridad y defensa?».[14]

Dos días después, el 25 de julio de 1900, la *Gaceta Oficial* convocó a la Convención Constituyente: 31 delegados serían elegidos el tercer sábado de septiembre; no obstante, las sesiones realmente no comenzarían hasta el 5 de noviembre, víspera de las presidenciales norteamericanas, pues McKinley indicó mantener las cosas tranquilas hasta después de los comicios. La propia orden se encargó de romper el hechizo: los delegados redactarían y adoptarían la Constitución y, como parte de ella, acordarían con Estados Unidos el alcance de las relaciones bilaterales. Dos absurdos saltaron a la vista: de acuerdo con la práctica, luego de redactada la Carta Magna era el pueblo quien la aprobaba y las relaciones con otra nación deberían ser fijadas por el Gobierno del Estado que se iba a constituir, sin contar que como consecuencia de este condicionamiento la política exterior cubana tendría que ser sometida a la aprobación de la Casa Blanca. El mismo 25 de julio, en *La Discusión*, Juan Gualberto Gómez denunció la maniobra: «Hay mucho que acordar y pactar con los Estados Unidos, pero estos asuntos no son, por su índole, de carácter constitucional y, por lo tanto, no tienen cabida en la Carta Fundamental que para nuestro pueblo se redacte».[15]

Fue tal el descontento que se habló de no concurrir a las urnas. Los periódicos de acento cubano atribuyeron la que denominaron «cláusula sospechosa» a la perfidia de Wood y a los insondables designios de McKinley; sin embargo, se llegó a la conclusión de que no era esencial, pues «la Constituyente haría en ese aspecto lo que patrióticamente se le antojare».[16] El Gobierno militar, por su parte, redobló la campaña política comprando voluntades para generar división en las filas revolucionarias. Personalmente, Wood se lanzó a las calles de la Isla a promover los candidatos anexionistas; lo acompañaron dos defensores del protectorado: el antiguo autonomista Diego Tamayo y Perfecto Lacoste, exconfidente del Ejército Libertador y presidente del Círculo de Hacendados. Otro artículo de *La Discusión* reveló los métodos:

> Como el embajador romano ante Cartago, él, Mr. Wood, lleva ante los pueblos y gobiernos […] «la paz o la guerra». Al que acepte sus candidatos; al que acceda a sus deseos; al que comparta sus intentos y coopere a sus planes, le ofrece paz… y ferrocarriles, hospitales, etc. Al que se oponga osadamente; al que niegue su concurso o escatime su complicidad, le declara la guerra… tra-

ducida en una destitución en forma de renuncia obligatoria por enfermo.[17]

El capitán de navío Lucien Young reveló a Horatio S. Rubens los propósitos velados de la ofensiva: «Vine en uso de licencia y antes de irme de La Habana, entendía, como era lógico, que había la intención —a mi juicio— de entregar la isla a un Gobierno cubano o pulsar su manera de pensar sobre la anexión».[18]

Electos los delegados, la Convención se instauró el 5 de noviembre de 1900 en el teatro Martí: «Será vuestro deber, en primer término, redactar y adoptar una Constitución para Cuba y, una vez terminada esta, formular cuáles deben ser, a vuestro juicio, las relaciones entre Cuba y los Estados Unidos» —habló Wood en nombre del presidente norteamericano ante una multitud que no cabía en aquel local, escogido para que sesionara la asamblea; luego puntualizó: «Cuando hayáis formulado las relaciones que, a vuestro juicio, deben existir entre Cuba y los Estados Unidos, el Gobierno de los Estados Unidos adoptará, sin duda alguna, las medidas que conduzcan, por su parte, a un acuerdo final y autorizado entre los pueblos de ambos países a fin de promover el fomento de sus intereses comunes».[19] O sea, McKinley se arrogaba el derecho a tomar la decisión final respecto a los términos de las relaciones bilaterales.

Compelido por el descontento con la «cláusula sospechosa», Wood dijo ese día a los delegados que las relaciones entre Cuba y Estados Unidos podrían quedar como un cuerpo aparte a la Carta Magna; pero Washington no iba a variar su dictado: los delegados aún debatían el proyecto cuando, el 11 de enero de 1901, Elihu Root, en carta al secretario de Estado, John Hay, le propuso considerar «la conveniencia de requerir la incorporación en la ley fundamental de Cuba» de cuatro disposiciones que contemplaran: 1) el derecho a intervenir en la Isla cuando lo estimaren necesario; 2) que el Gobierno cubano no estuviese en capacidad de celebrar tratados con otra potencia sin el consentimiento estadounidense; 3) que Estados Unidos pudiera adquirir títulos de tierras para estaciones navales; 4) que todos los actos del Gobierno militar y todos sus derechos adquiridos se mantuvieran vigentes. En la misiva Root hizo énfasis en la necesidad de estudiar la política diseñada por Gran Bretaña para mantener su derecho de intervención una vez que se retirara de Egipto, pues era importante «llegar a conclusiones concretas en cuanto al alcance y la repercusión que podría tener la reservación de un derecho de intervención en Cuba».[20]

El 9 de febrero, Root envió a Wood un informe con estas disposiciones y le indicó presentarlo a la asamblea. Titulado: «Opiniones del departamento ejecutivo del Gobierno de los Estados Unidos sobre las prescripciones que debe contener la Constitución cubana referente a las relaciones entre Cuba y los Estados Unidos», precisaba que era esta la posición de la administración y que el Congreso se pronunciaría al respecto en términos concluyentes. Una larga fundamentación en la que adujo las razones históricas, morales y prácticas por las que la Unión se consideraba con el derecho de regir los destinos de Cuba, precedió a las cinco disposiciones a incorporar; a saber: el Gobierno cubano no podría celebrar tratados con potencias extranjeras sin consentimiento de Estados Unidos, ni contraer deudas que excedieran la renta ordinaria de la Isla; Washington se reservaba el derecho de intervenir para conservar la independencia del país y garantizar un Gobierno estable; todos los actos y derechos adquiridos durante la ocupación militar se mantendrían vigentes; y, a fin de facilitar su defensa, Estados Unidos podría adquirir y poseer el título de terrenos para establecer estaciones navales.[21]

Parecía concluida la obra legislativa de la Convención, el 21 de febrero de 1901, fecha en que se refrendó en la asamblea la letra de la Constitución, cuando los delegados debieron transitar un azaroso curso impuesto con la mayor rigidez desde Washington. Con el informe de Root advirtieron que el asunto era más grave de lo que suponían; Antonio Bravo Correoso, representante por Santiago de Cuba, dejó testimonio de la reacción ocasionada entre ellos: «Nuestro asombro no tuvo límites. ¿Qué hacer? ¿Prestarnos a esas sugerencias del extranjero? ¿Restringir nuestra soberanía que acabábamos de consignar en nuestra Constitución? [...]. Nuestro patriotismo nos llevaba a repudiar esas condicionales».[22] De todos modos, conservaron cierta esperanza en que el Congreso se pronunciara contra los planes de la Casa Blanca.

Los revolucionarios más radicales, sobre todo los veteranos, creyeron llegado el momento de organizar una manifestación. Por doquier se escuchaba una frase lacerante: «Donde se iza la bandera americana una vez, jamás se arría», expresión que mucho tenía que ver con las arrogantes manifestaciones de la propia oficialidad estadounidense destacada en la Isla, incluido el gobernador Wood. Root estaba ansioso. Vivía con la aprensión de que, al levantarse, el periódico de la mañana «pudiera decir que las tropas americanas se hallaban combatiendo a los cubanos», como había ocurrido en Filipinas,[23] y la administración aceleró la marcha.

La administración McKinley evaluó que un convenio con Cuba negociado en forma de tratado tendría que ser aprobado por dos tercios del Senado y ello podía entorpecer sus miras; el modo más seguro de imponerlas era conseguir que el 55 Congreso —de mayoría republicana y responsable de la Resolución Conjunta— sancionara los términos de las relaciones antes del 3 de marzo, cuando finalizaba su legislatura. El 26 de febrero en la mañana, Oliver H. Platt introdujo la iniciativa en el Senado como enmienda al proyecto de «Ley concediendo créditos para el Ejército en el año fiscal que termina el 30 de junio de 1902», pues consideraron poco probable que la bancada demócrata retardara su votación y se expusiera a las críticas por no prestar auxilio al cuerpo armado de la nación por el asunto cubano. Sorprendidos, muchos de los senadores se preguntaron si la moción no modificaba la Enmienda Teller; pero las simpatías hacia Cuba habían disminuido, como consecuencia de la campaña mediática de descrédito que presentaba al cubano como un pueblo ingrato.

Otro hecho tuvo gran trascendencia. En sincronía con la presentación de la Enmienda Platt en el Capitolio, Wood en La Habana ofreció declaraciones a la prensa estadounidense. Concluida la conferencia, un cable que habla por sí solo acaparó la atención en Washington:

> El general Máximo Gómez visitó al general Wood esta mañana y le aseguró que las noticias de intranquilidad y descontento por la continuación de la intervención de los Estados Unidos son falsas, y que se han interpretado mal sus declaraciones dándoles el sentido de que él aprueba una inmediata retirada de las tropas de los Estados Unidos para dar a Cuba la independencia absoluta. Si se retiraran ahora, él teme derramamiento de sangre fuera de toda duda. A los 60 días los cubanos estarían peleando entre sí. El general Gómez agregó: «Si se retiraran los americanos hoy, yo me iría con ellos».
>
> El general Gómez no hizo objeción a señalar relaciones futuras entre los Estados Unidos y Cuba, como lo recomiendan los Estados Unidos.[24]

Cuando llegaron a La Habana los periódicos con esta noticia, se levantó un clamor general. Indignado, Gómez impugnó la maniobra y reiteró su posición absolutamente contraria, por todos conocida. Cuando fue emplazado, Wood se escudó diciendo que los periodistas habían interpretado mal la información que brindó. Horatio S. Rubens, testigo excepcional del momento, lo puso en duda: «pero es el caso que, a pesar de pertenecer esos corresponsales a periódicos de ideas contrarias, habían tomado la información de una fuente común y todos coincidían en los mismos puntos».[25]

La medida generó el golpe de efecto esperado y, en la sesión del 27 de febrero, tras un debate en el que varios senadores denunciaron la Enmienda Platt como un ultimátum legislativo de franco carácter injerencista, se impuso tal como fue presentada: 43 votos contra 20. Célebre por su narrativa y el estilo agudo e irónico de sus crónicas, Mark Twain denunció, en el número de febrero de la influyente revista literaria *North American Review*, la proyección escondida detrás del supuesto cambio que se operaba en la proyección de McKinley:

> Contemplando a Cuba, el maestro dijo: «He aquí una nacioncita, oprimida y sin amigos, dispuesta a luchar por su libertad. Entraremos en el juego como sus asociados y apostaremos con la fuerza de setenta millones de simpatizantes y los recursos de los Estados Unidos: ¡juguemos!». Solo Europa unida podría ganar esta baza, pero Europa no puede unirse para nada. [...].
> [...]
> [Ahora] contamos con todas las razones del mundo para esperar que tendremos oportunidad de romper el convenio firmado por nuestro Congreso con Cuba y poder concederle algo mucho mejor que él. Y sin tardar mucho. Es un país rico, y muchos de entre nosotros ya comienzan a ver que ese convenio fue un error sentimental.[26]

Paradójicamente, ese 27 de febrero en La Habana la comisión que redactaría las bases de las relaciones entre Cuba y Estados Unidos dictaminó como inaceptables algunas de las cláusulas del informe de Root; pero ya caminaban rumbo a la Cámara de Representantes, donde el 1ro. de marzo fueron ratificadas 159 votos contra 134.

Aunque el 2 de marzo, en manifestación de protesta, más de 15 000 personas marcharon por varias calles de La Habana hasta la sede del Gobierno interventor en la Plaza de Armas, la historia no iba a cambiar su curso: ese día McKinley sancionó la enmienda. En un mitin multitudinario de la Liga Antimperialista Americana en el Faneuil Hall, de Boston, el exgobernador de esa ciudad, George Boutwell, denunció el golpe legislativo: «Rompiendo nuestra promesa de libertad y soberanía para Cuba, estamos imponiendo en dicha isla unas condiciones de vasallaje colonial».[27] En virtud de este engendro, el presidente de Estados Unidos recibió la facultad de mantener la ocupación hasta tanto no se estableciera en la Isla un Gobierno bajo una Constitución, en la cual, como parte de ella o en una ordenanza agregada, se definieran las relaciones entre Cuba y Estados Unidos. Vale la pena ilustrar las tres cláusulas en las que se centró la polémica por parte de los cubanos:

> 3. Que el Gobierno de Cuba consiente que los Estados Unidos pueden ejercitar el derecho de intervenir para la conservación de la independencia cubana, el mantenimiento de un Gobierno adecuado para la protección de vidas, propiedad y libertad individual y para cumplir las obligaciones […] impuestas a los Estados Unidos por el Tratado de París […].
>
> […]
>
> 6. Que la Isla de Pinos será omitida de los límites de Cuba propuestos por la Constitución, dejándose para un futuro arreglo por Tratado la propiedad de la misma.
>
> 7. Que para poner en condiciones a los Estados Unidos de mantener la independencia de Cuba […] así como para su propia defensa, el Gobierno de Cuba venderá o arrendará a los Estados Unidos las tierras necesarias para carboneras o estaciones navales en ciertos puntos determinados que se convendrán con el presidente de los Estados Unidos.[28]

Dos días más tarde, McKinley tomo posesión de su segundo mandato. Y ante más de 70 000 personas anunció la nueva era neocolonial: «Nuestra nación demostrará plenamente su actitud para administrar cualquier nuevo Estado que los acontecimientos confíen a su cuidado, no en virtud de ningún acto nuestro, sino por destino manifiesto de la providencia que nos lo confíe como nuestro subordinado en la escala de la familia de las naciones».[29]

La indignación de los cubanos, en especial contra el tema de las estaciones navales —al grito de «nada de carboneras»—, fue tal, que el 6 de marzo Wood consultó al secretario de Guerra: «¿Puede usted indicarnos lo que debemos hacer en caso de que la Convención se niegue a aceptar la Enmienda Platt?».[30] Al día siguiente, Wood la presentó oficialmente a la Convención; la reacción entre los delegados lo llevó a escribirle a Root esa tarde: «Vamos a presenciar discusiones políticas iracundas».[31]

McKinley envió a La Habana al general Nelson A. Miles, comandante general del Ejército. Nadie mejor que aquel oficial, apreciado por los jefes insurrectos como un amigo por su elevada ética, para velar el instrumento de la coacción. Miles participó el mensaje: si mantenían una actitud intransigente, las tropas yanquis no se retirarían; en tanto, el 20 de marzo, la respuesta de Root a la consulta del gobernador militar le daba carácter oficial a la amenaza: «La Enmienda Platt es, por supuesto, una disposición definitiva y los miembros de la Convención que sean responsables por negarse a establecer unas relaciones sobre esa base, no solo se perjudicarán a sí mismos, sino también a su país. Si la convención asume un curso de esa naturaleza, habrá dejado de cumplir el deber para el que fue electa y serán otros los que cumplan esa tarea».[32]

Wood inició entonces la más corruptora arremetida de todo su mandato, acudiendo al chantaje económico como recurso político. Uno de los primeros ataques en la embestida lo dio el antiguo autonomista Luis V. de Abad, secretario de la Comisión de Corporaciones Económicas, quien llegaba de una estancia por varios meses en Estados Unidos y se le tenía por alguien bien relacionado con los círculos financieros norteamericanos. El 21 de marzo, Abad declaró a *La Discusión* que los hombres de negocio en la Unión apreciaban que, desde la aprobación en el Capitolio de la Enmienda Platt, el valor de la propiedad en Cuba había subido en un 50%. Si la convención no cedía, el Congreso se cerraría a conceder franquicias a los productos cubanos y la situación económica del país, ya gravísima, sería espantosa: «Cuba tiene ahora la oportunidad de elegir su marcha futura por dos caminos diferentes: uno, hermoso y fácil, la conducirá a su engrandecimiento rápido y seguro, otro accidentado y peligroso, llevará al abismo a los cubanos. A tiempo están de tomar el mejor rumbo».[33]

Juan Gualberto Gómez, quien había sido elegido delegado por Santiago de Cuba, el 26 de marzo presentó a la asamblea un dictamen que demolió los pretextos con que se intentaba encubrir el tutelaje legitimado por la Enmienda Platt. Respecto a la tercera cláusula planteó que consentir el derecho a la intervención les daba a los estadounidenses «la llave de nuestra casa para que puedan entrar en ella a todas horas, cuando les venga el deseo, de día o de noche, con propósitos buenos o malos»; mientras el precepto «para el mantenimiento de un Gobierno ordenado» les ofrecía de hecho y de derecho la facultad de dirigir el país: «Solo vivirían los Gobiernos cubanos que cuenten con su apoyo y benevolencia». En cuanto a la Isla de Pinos, estaba comprendida dentro de los límites de Cuba «geográfica, histórica, política, judicial y administrativamente». No podía pertenecer a Estados Unidos, pues formaba parte de los «límites constitucionales de Cuba» y, por tanto, no era necesario dejar la cuestión de su propiedad a un futuro arreglo mediante tratado.

La séptima cláusula era consecuencia de la tercera. Si en decisión soberana rechazaban el artículo 3, tenían que objetar el 7. Las consecuencias morales de instalar fortificaciones extranjeras en territorio cubano saldrían a luz si Estados Unidos se envolvía en una guerra contra otra nación y usaba sus estaciones navales en la Isla. Cuba sería arrastrada «a una lucha en cuya preparación no hayamos intervenido, cuya justicia no habremos apreciado de antemano, cuya causa directa tal vez no nos interese en lo más mínimo» —alertó—. A su vez, los estadounidenses asentados en el país podían promover un conflicto interno: «Imposible es, por tanto, esa cláusula séptima, que envuelve con una mutilación del territorio patrio una amenaza constante de nuestra paz interior».[34]

El debate se polarizó: de un lado los independentistas, que se rehusaban a admitir un régimen incompatible con la soberanía nacional; del otro, los más acaudalados hacendados y hombres de negocio —la mayoría españoles e inversionistas estadounidenses—, los antiguos autonomistas y la clase media vinculada al mundo empresarial yanqui, entre la que se encontraban no pocos oficiales del Ejército Libertador. En el medio, un segmento del independentismo que se sentía impotente ante las estratagemas de Estados Unidos para prolongar la intervención por tiempo indefinido, cuya cifra no despreciable a la postre iba a inclinar la balanza.

Quedaba solo el recurso de la guerra y nada se podía por la fuerza contra Estados Unidos: fue la idea que defendió el bando que apostó al protectorado y de la cual se hizo eco la mayoría de la prensa, en una campaña reforzada con entrevistas a los partidarios de la Enmienda Platt, porque —según decían— era el único modo de salir de la crisis económica y de preservar la paz social; este discurso alcanzó mayor resonancia entre las clases alta y media de la burguesía cubana cuando se convirtió en la posición oficial del Círculo de Hacendados y Agricultores y de la Sociedad Económica de Amigos del País. Sobre la nación desangrada, arruinada, inerme y sola, lentamente comenzó a formarse un estado favorable a ceder, impulsado también por prestigiosas personalidades de la guerra: desde Santiago de Cuba, el general Joaquín Castillo Duany, muy vinculado al capital norteño, aconsejó a Juan Gualberto Gómez, el paladín contra la Enmienda Platt, doblegarse ante la realidad de los hechos; para colmo de males, en las páginas de *La Discusión* Manuel

Sanguily, desgarrado, hizo un infortunado giro táctico: «La independencia con algunas restricciones es preferible al régimen militar».[35]

Hacia el 15 de abril, en la Convención ganaban terreno quienes abogaban por plegarse a cambio de un régimen mercantil privilegiado; pero el rechazo a las cláusulas 3ra., 6ta. y 7ma. (18 votos contra 10) era todavía mayoritario. Cinco delegados fueron comisionados para viajar a Washington: el presidente de la asamblea, Domingo Méndez Capote; los generales Pedro Betancourt y Rafael Portuondo Tamayo, y los exautonomistas Pedro González Llorente y Diego Tamayo. Aunque Elihu Root declaró que no contaban con invitación oficial, no tuvo más remedio que recibirlos en su despacho. El 25 de abril el intercambio giró en torno a los artículos III y VII de la Enmienda. Root disertó: «La cláusula tercera es una extensión de su Doctrina» —en referencia a James Monroe—; «Es la Doctrina misma como principio internacional. La tercera cláusula encarnando la Doctrina permitirá que las potencias no pongan reparos a nuestra intervención para sostener la independencia de Cuba. Más aún, la tercera cláusula, combinada con la primera, impedirá que se nos juzgue por usurpadores violentos al desnudar la espada».[36]

Méndez Capote observó que la Enmienda Platt aludía al derecho que suponía tener Estados Unidos de intervenir en Cuba y solo deseaba la aquiescencia de los futuros Gobiernos cubanos al ejercicio de ese derecho que ellos ignoraban: «Pues bien, ¿al interpretar así el texto no equivocamos la verdadera idea de la cláusula?» —le preguntó—. Root respondió impertérrito: «Para mí, el supuesto es indiscutible. Hace tres cuartos de siglo que proclamó mi país ese derecho a la faz de los dos mundos; y prohíbe a otras potencias, en ultramar, no ya la intervención armada sino la sencillamente amistosa en los negocios de Cuba».[37] En contestación a otra interrogante acerca de por qué solicitaban el consentimiento cubano si Estados Unidos se creía con el derecho a intervenir en la Isla y tenía la fuerza para hacerlo, Root precisó: para facilitar «la realización de sus anunciados propósitos con respecto a las demás naciones». Méndez Capote objetó que de nada valdría ese consentimiento si Estados Unidos no tuviera suficiente fuerza para imponer su voluntad, ya que, por desgracia, en las cuestiones internacionales era la fuerza la *ultima ratio*. El secretario de Guerra ahondó entonces con la más cínica sinceridad:

> La fuerza es la última razón; pero la fuerza no informa, no inspira el Derecho Internacional. Si algunos derechos no se hicieran respetables por su propia eficacia ¿existirían Suiza, Bélgica y Holanda? El derecho es la fuerza de los débiles porque, de otro modo, los grandes poderes, dominando con sus armas, resultarían los más cruentos enemigos de la especie humana. El pequeño Estado que se atrinchera detrás de un derecho universalmente reconocido, impone sus consecuencias a los grandes imperios. Señores, los Estados Unidos, a pesar de ser fuertes [...] buscan en la plenitud del derecho la fuerza moral incontrastable [...] si por desgracia se hiciera indispensable alguna vez nuestra intervención, los Estados Unidos no quieren que nadie la discuta.[38]

Sobre las carboneras, Root remató: «¡Esencialísimas [...]! Los Estados Unidos indagan sin descanso en el más allá de sus responsabilidades y desean obtener posiciones que sirvan a la defensa estratégica de ambas repúblicas».[39]

Al día siguiente, Root los recibió por tercera ocasión en el Departamento de Guerra: «Señores: la Enmienda perseguirá siempre el afianzamiento de la independencia de Cuba, aunque la intervención sea provocada por el fracaso sustancial de los patriotas en el ejercicio libre del gobierno propio» —intentó sermonear—; sin embargo, cuando Pedro Betancourt insistió en revisar la tercera cláusula, lo interrumpió bruscamente: «Imposible general Betancourt. La Enmienda votada por el Congreso y sancionada por el presidente, constituye una solución inalterable. No podemos retroceder».[40]

En su breve estancia de 72 horas en Washington, McKinley recibió tres veces a los comisionados; en una de ellas, incluso, les ofreció un banquete en la Casa Blanca en el que participaron varios senadores vinculados al tema, pero siempre esquivó hablar sobre la Enmienda Platt y condicionó evaluar la concesión de tarifas preferenciales para los productos cubanos a que se constituyera la República.

Los cubanos partieron el 27 de abril rumbo a Nueva York, donde el 29 se entrevistaron con Tomás Estrada Palma, destacado ya por la prensa como el candidato grato a Estados Unidos para la presidencia de Cuba. Estrada Palma los conminó a transar con McKinley. Según dijo, con la Enmienda Platt no se realizaba el ideal revolucionario, pero rechazarla ponía en peligro la República. Tranquilos, resignados, excepto el general Rafael Portuondo, quien mantenía una actitud grave, arribaron el 6 de mayo a La Habana. Al día siguiente, Méndez Capote presentó el informe a la asamblea y, a partir de ese instante, un aciago debate mantenido a espaldas del pueblo con el pretexto de no generar alarma terminó el 12 de junio de 1901 con la aprobación —16 votos contra 11— de la Enmienda Platt y su deshonrosa adición como apéndice a la Constitución de la República. En carta a Theodore Roosevelt, Wood ponderó el resultado: «Cuba está en nuestras manos y creo que no hay un Gobierno europeo que la considere por un momento otra cosa que lo que es, una verdadera dependencia de los Estados Unidos. Con el control que, sin duda, pronto se convertirá en posesión, en breve prácticamente seremos dueños del comercio de azúcar en el mundo».[41]

La Enmienda Platt llevaba en su cuerpo el espíritu de la Doctrina Monroe y sentó el precedente de la intervención de Estados Unidos en América Latina, con el supuesto consentimiento de las naciones intervenidas, procedimiento que puso en práctica una y otra vez a todo lo largo del siglo XX. No hay más fiel descripción del efecto que provocó en nuestro pueblo este apéndice y su alcance en la región, que la del inolvidable Raúl Roa, el Canciller de la Dignidad:

> Su texto contiene un preámbulo y ocho artículos, y aún hoy, cuando ni para papel higiénico sirve por las ronchas que levanta, su lectura incita a la mentada de madre.
> [...]
> Esta humillante y férrea camisa de fuerza constituía, como se ha dicho, el sustitutivo de la anexión y la garrocha del ulterior salto predatorio del imperialismo yanqui en el Mar Caribe y en el sur del continente. Corolario de la Doctrina Monroe, la Enmienda Platt le imprimiría fuerza internacional a este instrumento de hegemonía norteamericana en América.[42]

Una sucesión de hechos bajo control del Gobierno de Estados Unidos llevó al 20 de mayo de 1902, cuando la entrada en vigor de la Enmienda Platt, que había sido impuesta mediante la coacción a un país ocupado militarmente, no solo mermó sino mutiló todos los atributos de soberanía de la República que nació aquel infortunado día. En diciembre, durante su mensaje anual al Congreso, Theodore Roosevelt, quien había asumido la presidencia tras el asesinato de McKinley por un anarquista, abundaría al respecto:

> Cuba queda a nuestras puertas y cualquier acontecimiento que le ocasione beneficios o perjuicios, también nos afecta a nosotros. Tanto lo ha comprendido así nuestro pueblo, que en la Enmienda Platt hemos establecido la base, de una manera definitiva, por la que en lo sucesivo Cuba tiene que mantener con nosotros relaciones políticas mucho más estrechas que con ninguna otra nación.[43]

Instaurada la República, asumió su presidencia Tomás Estrada Palma, después de resultar electo en unos comicios unilaterales por el forzado retraimiento del mayor general Bartolomé Masó. Un tratado suscrito por Estrada Palma, el 16 de febrero de 1903, y por Roosevelt ocho días más tarde, a fin de poner en ejecución el artículo VII del apéndice a la Constitución —con lo cual el convenio adquiría una validez incompatible con principios elementales del Derecho Internacional—, dejó la bahía de Guantánamo al servicio de la proyección imperial estadounidense, al arrendar a su Departamento de Marina una extensión de tierra y agua de la estratégica rada «por el tiempo que las necesitaren», precepto empleado para disfrazar la cesión territorial mediante la perpetuación del arrendamiento —cuya naturaleza es temporal—, cuando la práctica jurídica de potencias como Alemania, Gran Bretaña, Francia y el imperio Austro-Húngaro, e incluso de Estados Unidos, fijaba un término de 99 años.

A las 12:00 horas del 10 de diciembre de 1903, en Playa del Este, bajo el impresionante estruendo de veintiún salvas de Artillería, a manera de botín de guerra el contralmirante Albert S. Baker recibió 591 662 caballerías de tierra pertenecientes a la bahía de Guantánamo, incluidos sus veinticuatro cayos, mientras una banda de música interpretaba *The Star-Spangled Banner* y dos infantes de marina izaban la bandera de las barras y las estrellas. Sobre el suelo anegado en sangre de una nación que por treinta años ofreció la vida de sus hijos en prenda a la libertad, se consumaba un anhelo que se remonta al siglo XVIII, cuando Benjamin Franklin, padre fundador y firmante de la declaración de independencia de Estados Unidos, unió al destino del futuro coloso norteño la idea de la ocupación de la Isla.

Ciento doce años después, el pueblo de Cuba reclama su incuestionable derecho a ofrecer todo el cielo de Guantánamo a la bandera de la estrella solitaria, para «que el Sol con su lumbre / la ilumine a ella sola —¡a ella sola!— / ¡en el llano, en el mar y en la cumbre!».[44]

El Tratado de Relaciones de 1934 y la base naval norteamericana en Guantánamo. Nuevo rostro de una ilegalidad

Elier Ramírez Cañedo

1934 fue un año que marcó un punto de inflexión en la historia de la república neocolonial burguesa. El llamado Gobierno de los Cien Días —realmente fueron 127—, por el hecho de haber intentado modificar los términos de las relaciones entre Cuba y Estados Unidos, así como haber adoptado posiciones antinjerencistas, desconocido la Enmienda Platt y tomado medidas de beneficio social —bajo el impulso fundamental de su secretario de Gobernación, Guerra y Marina, Antonio Guiteras Holmes, el héroe antiimperialista más relevante de la Revolución del 30—, pasaría a la posteridad como el único gobierno del período que no fue reconocido por Washington y contra el cual conspiró hasta facilitar su caída,[1] dando paso a un gobierno dócil a sus intereses, presidido por el coronel Carlos Mendieta. No obstante, las riendas del país realmente las llevaría desde la jefatura del ejército Fulgencio Batista,[2] convertido ya a esas alturas en el más fiel aliado de los norteamericanos en la Isla. Completaría la tríada de poder en la Mayor de las Antillas el embajador estadounidense, Jefferson Caffery, quien había sustituido a Sumner Welles en diciembre de 1933.

Por su parte, el sistema neocolonial burgués instaurado por el gobierno de Estados Unidos en la Isla en 1902 había entrado en una profunda crisis desde la década del veinte, agravada por la gran depresión económica mundial de 1929 a 1933. En medio del impacto funesto de esa crisis en Estados Unidos, el 4 de marzo de 1933 había llegado a la Casa Blanca por el partido demócrata Franklin Delano Roosevelt, quien enfrentó la difícil situación heredada con reformas tanto a lo interno de la sociedad estadounidense —el llamado New Deal— como en la proyección internacional del país. Su propuesta hacia América Latina y el Caribe sería la llamada política del Buen Vecino: «Dedicaré esta nación a la política del Buen Vecino —el vecino que resueltamente se respeta a sí mismo y por ello respeta los derechos de los otros—, el vecino que respeta sus obligaciones y respeta la santidad de los acuerdos en y con un mundo de vecinos», expresó en su discurso inaugural.[3]

En diciembre de 1933, durante la celebración de la Séptima Conferencia de Estados Americanos, efectuada en Montevideo, Uruguay, la administración demócrata, representada por su secretario de Estado, Cordell Hull, se comprometió solemnemente a resolver «por medios pacíficos y procedimientos multilaterales» las diferencias que pudieran surgir entre gobiernos del hemisferio occidental y a que en el futuro no emprendería, de manera unilateral, ninguna nueva «intervención militar» en el continente.[4] Pero esto no significaba que Estados Unidos renunciaba a la utilización de otros recursos indirectos y directos de injerencia en los asuntos internos de los países de América Latina y el Caribe, ni a las «intervenciones colectivas» propugnadas por el presidente Roosevelt. De lo que se trataba era de que las reglas del juego para ejercer la dominación serían otras, mucho más modernizadas.

Cuba, ubicada en el traspatio más inmediato de Estados Unidos, sería pieza clave en el diseño estratégico de Washington hacia el resto de la región. Las sucesivas intervenciones de Estados Unidos en el hemisferio —Haití, República Dominicana, Honduras, Panamá, Nicaragua, Cuba, México— habían lastrado profundamente la imagen del país del norte y creado dificultades para el cumplimiento de sus objetivos hegemónicos ante las constantes rebeldías desatadas, en especial en Cuba, donde el antinjerencismo y antiplattismo de las primeras décadas del siglo XX habían ido madurado cada vez más hacia el antiimperialismo.

Lo cierto es que la Revolución del 30 no se había ido del todo a bolina, al obligar al propio sistema neocolonial burgués instaurado a recomponer su hegemonía a través de ciertas concesiones a los reclamos populares en la búsqueda de un mayor consenso, que garantizara la supervivencia del régimen y que no hubiera más revolución en Cuba. A esas alturas, el imperialismo norteamericano tenía no pocas condiciones para llevar adelante ese proyecto de recomposición hegemónica y reformulación de la dominación burguesa neocolonial, luego de tres décadas de creación laboriosa de las bases y prácticas necesarias de dominación económica y política con el fin de afianzar sus intereses expoliadores en la Isla por largo tiempo. El poder económico y financiero estaba prácticamente en sus manos, lo que les garantizaba en gran medida el poder político. El nuevo Tratado de Reciprocidad Comercial que firmarían ambos países en 1934 se encargaría de fijar aún más las cadenas de la dominación económica sobre la Isla. Bajo esas condiciones la administración Roosevelt no tenía necesidad de desembarcar a los marines para subyugar a Cuba. La Enmienda Platt no era ya un recurso de dominación imprescindible y su abrogación, más que posible, resultaba útil a la imagen de «buen vecino» que Washington quería vender al resto de los países latinoamericanos y caribeños, en un momento de crisis de su economía y disputa por los mercados internacionales —en especial en Asia-Pacífico— frente a otras potencias de la época como Japón, Alemania e Inglaterra.[5]

El célebre historiador cubano Ramiro Guerra captaba con gran precisión el momento:

> La Enmienda Platt de Cuba no responde ahora a ninguna necesidad internacional, puesto que en el mundo no hay una potencia que pueda ni que quiera crearle dificultades a Estados Unidos

> dentro de su zona de influencia; cabe, en tal virtud, abandonar la Enmienda sin peligro alguno, como instrumento que cumplió su destino y ya es inútil, mientras que la propaganda destaca el hecho, a título de expresión de una política de «buena vecindad» y se obtiene un Tratado de comercio ventajoso.[6]

Fue en ese contexto que Estados Unidos y el gobierno cubano negociaron en silencio, con gran celeridad y sin ninguna participación del pueblo o debate público, el Tratado de Relaciones de 1934, firmado en Washington el 29 de mayo de ese año, por el secretario de Estado Cordell Hull y el subsecretario de Estado Sumner Welles, en representación del gobierno de Estados Unidos, mientras que del lado cubano lo haría el embajador en ese país, Manuel Márquez Sterling.

La firma del tratado se produjo no sin que hubiera ausencia de coacción diplomática y militar del gobierno de Estados Unidos sobre la Isla. Téngase en cuenta que en la bahía de La Habana permanecían unidades navales norteamericanas como una manera de recodar a los cubanos que debían portarse bien para evitar futuras intervenciones. Esta infausta presencia de navíos norteamericanos en la rada habanera se extendería todavía durante varios meses del año 1934. Roosevelt no había desembarcado marines en Cuba, pero a través de otros instrumentos había intervenido en los asuntos internos de la Isla, y había sacado y puesto gobiernos de acuerdo con sus intereses.[7] El solo hecho de reconocer o no un gobierno se había convertido en un recurso que Estados Unidos utilizaba para torcer el curso de los acontecimientos en Cuba. Esto lo tenía muy claro el llamado gobierno de Concentración Nacional cuando arribó al poder en enero de 1934.

Las negociaciones

Desde su arribo a la Casa Blanca, Roosevelt había expresado su interés de negociar la abrogación de la Enmienda Platt, aunque aclarando que solo iba a ser posible el día en que en Cuba existiera un gobierno reconocido por Estados Unidos. Este sería el también conocido como Caffery-Batista-Mendieta, al cual el gobierno estadounidense de inmediato dio su beneplácito.

Las negociaciones comenzaron cuando el 17 de abril de 1934, el subsecretario de Estado, Sumner Welles,[8] puso en manos del embajador de Cuba una copia del Proyecto de Tratado destinado a sustituir el Tratado Permanente de 1903 como base para iniciar las conversaciones. El documento señalaba que el Tratado de Relaciones, concluido el 22 de mayo de 1903, dejaba de tener validez, a excepción de las cláusulas contenidas en el artículo IV, en relación con la ratificación y validación de todos los actos realizados por Estados Unidos durante la ocupación militar. También, que no implicaba cambio alguno en la obligación de la República de Cuba a venderle o arrendarle a Estados Unidos tierras para carboneras o estaciones navales, ni se alteraban las estipulaciones en los convenios existentes concluidos por los dos gobiernos en cumplimiento de dicha obligación, del 16-23 de febrero de 1903, y el complementario correspondiente a ese arrendamiento del 2 de julio de 1903.

Como se ve, la propuesta inicial del gobierno de Estados Unidos en relación con el artículo VII de la Enmienda Platt era mantenerlo sin la más ligera modificación. Pero en este caso, a diferencia de 1901, Estados Unidos se mostró dispuesto —al menos en un inicio— a aceptar algunas enmiendas del lado cubano a la redacción del proyecto de tratado.

De haber sido aceptada sin modificaciones la propuesta inicial presentada por Washington, hubiera implicado para Cuba la posibilidad de verse impelida a la venta o arrendamiento no solo de Guantánamo, sino de otras tierras para carboneras y bases navales, como Bahía Honda, a la que Estados Unidos anteriormente había renunciado por un tratado firmado el 27 de diciembre de 1912 con el gobierno cubano a cambio de la ampliación de los límites de Guantánamo. Este tratado después no sería ratificado por ninguna de las partes.

Márquez Sterling consideró que el borrador recibido no era sincero al propósito de cancelar la Enmienda Platt. En nota enviada a la cancillería cubana expresaría:

> Si a este convenio que negociamos incorporan los Estados Unidos como condición expresa de nuestras relaciones con ellos el deber perpetuo de consentir en nuestro territorio sus carboneras o estaciones navales, no podremos nunca blasonar de haber librado a nuestra patria de la «coyunda humillante de la Enmienda Platt». No debe aceptarse que la cláusula creadora de carboneras continúe significando una condición impuesta a nuestro país en sus relaciones de buen vecino con este poderoso imperio.[9]

Sin embargo, por otro lado, el criterio de Márquez Sterling era la aceptación del *status quo* ilegal e injerencista de la base en Guantánamo, incluso hasta la ampliación de sus límites como estaba dispuesto en el tratado no ratificado de 1912, a cambio de una modificación del lenguaje recogido en el artículo III del proyecto de nuevo Tratado de Relaciones. Es decir, que no pareciera una imposición o condición obligatoria fijada a Cuba el arrendamiento o venta de bases navales o carboneras y que esa modificación dejara claro que solo se ratificaban los acuerdos de 1903 con relación a Guantánamo, para evitar otorgar derechos a Estados Unidos sobre otros territorios de la Isla.

¿Por qué Márquez Sterling transigió tan fácil en este asunto? ¿Por qué no intentó siquiera luchar también por que se eliminara la base naval norteamericana en Guantánamo?

Es evidente que el error de Márquez Sterling estuvo en utilizar ese aspecto relacionado con la soberanía territorial cubana, como una concesión, como una carta negociadora que le garantizaría la eliminación del resto de los artículos de la Enmienda Platt, en especial el III, que le dada el derecho a intervenir a Estados Unidos en los asuntos internos de Cuba cuando lo estimaran conveniente. Ni Cosme de la Torriente,[10] secretario de Estado, ni el presidente cubano, Carlos Mendieta, tuvieron ninguna contradicción fundamental con los criterios de Márquez Sterling sobre el primer borrador del tratado recibido de Estados Unidos. Estaban dispuestos a lograr librarse del menoscabo de la soberanía política que significaba el artículo III de la Enmienda, a cambio de la aceptación del VII modificado en relación con la permanencia de la base naval norteamericana en Guantánamo. No tenían ni la menor idea de que esa base en el futuro no solo serviría para agredir a Cuba, sino a otros países de América Latina y el Caribe, y mucho menos que se convertiría en una prisión ilegal norteamericana donde se pondrían en práctica las más horrendas torturas, en violación flagrante del Derecho internacional.

Márquez Sterling se apresuró en comentar a su secretario personal después de firmar el Tratado de Relaciones: «Ya puedo morir tranquilo».[11] Olvidaba que, si bien se había dado un paso importante, la Enmienda Platt subsistía en el nuevo Tratado de Relaciones al ratificar la situación de facto de la ilegal base naval norteamericana en Guantánamo, también establecida a la fuerza contra la voluntad del pueblo cubano en 1901. «Y hiere tanto los sentimientos del país la pretensión de que se arriende o venda parte del territorio nacional [había expresado Juan Gualberto Gómez el 26 de marzo de 1901], que de todas las cláusulas de la enmienda a la Ley del Presupuesto, la que más ha desagradado a nuestro pueblo es la que se refiere a las estaciones navales. El grito de "Nada de carboneras" es el que ha dominado en todas las manifestaciones populares celebradas contra la enmienda referida».[12]

Paradójicamente a la amnesia histórica y política de Márquez Sterling, Cosme de la Torriente y Mendieta, una comisión de la Foreing Policy Association, que visitaría la Isla en 1934 con la intención de realizar una propuesta mucho más elaborada desde las ciencias sociales para el reacomodo de las relaciones de dominación de Estados Unidos en Cuba y la preservación del sistema,[13] recomendaría a Washington en un informe titulado «Problemas de la Nueva Cuba» dar consideración a la política de renunciar a sus derechos sobre la base naval en Guantánamo, porque numerosos cubanos encontraban difícil de conciliar la base naval en Guantánamo con la soberanía de la República cubana. «Su existencia en suelo cubano sigue siendo una anomalía», recalcaban.[14]

El 30 de mayo del propio año 1934, al conocerse la noticia de la abrogación del fatídico instrumento, el olfato político del pueblo cubano lo llevó —según reportó el periódico *Ahora*— a recibir con desgano y escepticismo la noticia; a los discursos oficialmente patrióticos —más bien patrioteros— seguidos de iluminación y música, respondió el pueblo con una ausencia casi total de las plazas públicas. Como destaca el historiador Rolando Rodríguez: «contra lo que se esperaba casi no hubo el regocijo popular. Se publicó la noticia en los periódicos de la tarde, fuertemente destacada en las primeras planas, pero el público la leyó con sorpresa y nada más. Los comentarios en la calle, en los parques, en los hogares, más los de los extranjeros, eran de sorpresa y nada más».[15] Por su parte, señala el historiador Jorge Renato Ibarra:

> En la época hubo críticos consistentes a la firma del Tratado de Relaciones Cuba–Estados Unidos de 1934 como José Ramírez Burgos, quien afirmó se trataba de la obra de un gobierno «de muñecos de papel que cuando son instrumentos de otros gobiernos extranjeros quieren aparecer con fachada de patriotas». Ramírez

Burgos señalaba que se había producido una falsa derogación de la Enmienda Platt, por lo que se preguntaba: «Si de siete artículos quito cuatro y me quedan tres, ¿qué hice; una derogación o una disminución?». Y concluía: «Si quedan tres artículos del antiguo tratado, la Enmienda Platt no ha sido abrogada, sí disminuida».[16]

Con una visión casi fotográfica del momento escribiría el destacado escritor estadounidense Waldo Frank: «Franklin Delano Roosevelt canceló la Enmienda Platt, pero retuvo la base naval de Guantánamo. Si se vierte substancia blanda en un molde y se endurece, puede quitársele el molde y la substancia conservará su forma. La Enmienda Platt ya no era necesaria: la dependencia de Cuba de los Estados Unidos era una realidad estructural, que sólo un golpe contra la estructura misma podía destruir».[17]

La invalidación jurídica del artículo III del Tratado de Relaciones de 1934

En la conferencia de Montevideo en diciembre de 1933, el profesor Herminio Portell Vilá, en representación de Cuba, expuso argumentos que aún en nuestros días tienen total validez:

> Cuba nació con un vicio congénito de intervención pero esa intervención, representada en la Enmienda Platt, ha sido el sustituto de la anexión de Cuba. Y declaro, Señor Presidente, que la Enmienda Platt y el Tratado Permanente tienen vicios de coacción, porque el pueblo de Cuba no aceptó libremente el Tratado ni la Enmienda Platt, ya que mi país estaba intervenido por las bayonetas americanas.
>
> De acuerdo con eso, la intervención comenzada en Cuba ha seguido hasta hoy, con otro carácter pero la hay. El otro día, lo dijo el doctor Giraudy aquí y lo repito: hay intervención y la coacción de ejercer sobre ese pueblo tratando de obligarlo a aceptar situaciones que son intolerables. Cuba es y será contraria a la interven-

ción. Cuba declara que la Enmienda Platt y el Tratado Permanente tienen vicios de ilegitimidad y fueron impuestos por la coacción ejercida sobre ella en momentos de los más críticos que un pueblo puede afrontar.[18]

A pesar de que Estados Unidos trató de convertir el Tratado de Relaciones de 1934 en un gran hecho propagandístico de limpieza de imagen hacia Cuba y el resto de la región y el propio gobierno cubano blasonó con el hecho de que se había logrado eliminar la «coyunda humillante», lo cierto es que la abrogación de la Enmienda Platt, además de responder más al interés del propio gobierno de Estados Unidos que a las gestiones del cubano, fue solo parcial. La cuarta cláusula de su articulado, en relación con la validación de «los actos realizados por los Estados Unidos en Cuba durante la ocupación militar», se mantuvo con ligeras modificaciones y la séptima, que daba derechos a Estados Unidos de arrendar o comprar tierras en Cuba para estaciones navales y carboneras, quedó también reelaborada al expresar en el artículo III del nuevo tratado:

> En tanto las dos partes contratantes no se pongan de acuerdo para la modificación o abrogación de las estipulaciones del Convenio firmado por el Presidente de la República de Cuba el 16 de febrero de 1903, y por el Presidente de los Estados Unidos de América el 23 del mismo mes y año, en cuanto al arrendamiento a los Estados Unidos de América de terrenos en Cuba para estaciones carboneras o navales, seguirán en vigor las estipulaciones de ese Convenio en cuanto a la Estación Naval de Guantánamo. Respecto a esta estación naval seguirá también en vigor en las mismas formas y condiciones el arrendamiento suplementario referente a estaciones navales y carboneras terminado entre los dos Gobiernos el 2 de julio de 1903.
>
> Mientras no se abandone por parte de los Estados Unidos de América la dicha Estación Naval de Guantánamo o mientras

los dos Gobiernos no acuerden una modificación de sus límites actuales, seguirá teniendo la extensión territorial que ahora ocupa, con los límites que tiene en la fecha de la firma del presente Tratado.[19]

Este artículo reelaborado atentaba contra la propia política del Buen Vecino proclamada por Roosevelt y la Convención sobre los Derechos y Deberes de los Estados, que había firmado Estados Unidos en Montevideo meses antes, y que en su artículo once estipulaba:

> Los Estados contratantes consagran en definitiva como norma de su conducta, la obligación precisa de no reconocer las adquisiciones territoriales o de ventajas especiales que se realicen por la fuerza, ya sea que esta consiste en el uso de las armas, en representaciones diplomáticas conminatorias o en cualquier otro medio de coacción efectiva. El territorio de un Estado es inviolable y no puede ser objeto de ocupación militar ni de otras medidas de fuerza impuesta por otro Estado, directa o indirectamente, aunque sea temporal.[20]

Se le dio un nuevo rostro a la ilegalidad y la afrenta a la soberanía territorial que significaba la presencia de la base militar yanqui en suelo cubano. Como expresara la doctora Olga Miranda en su obra *Vecinos indeseables. La base naval de Guantánamo*: «Es máxima aceptada en derecho que derogar una ley es disponer algo contra ella y abrogar una legislación es enteramente destruirla. La Enmienda Platt no fue abrogada, pervive en el Tratado de 1934 en cuanto a la Base Naval en Guantánamo».[21]

Los vicios de nulidad de origen están presentes en el tratado de 1934 en tanto arrastra —con algunas modificaciones— el ar-tículo VII de la Enmienda Platt, que como sabemos no contó con la libertad de consentimiento de Cuba al ser aprobada en 1901 bajo la coacción del gobierno interventor de Estados Unidos, ejercida no solo contra los constituyentes cubanos, sino hacia toda la nación. En su discurso ante la asamblea de la ONU en septiembre de 1960, el líder de la Revolución Cubana, Fidel Castro, manifestó: «se le impuso a nuestra patria, por el órgano legislativo de un país extranjero, se le impuso por la fuerza el derecho a intervenir y el derecho a arrendar bases o estaciones navales».[22]

No hubo manifestación libre y espontánea de la voluntad del pueblo cubano a la hora de aprobarse la Enmienda Platt, ni el tratado de 1903 o el de relaciones de 1934. O había Constitución con el bochornoso apéndice o de lo contrario se mantendría la ocupación norteamericana de la Isla: esa fue la condición fijada por el gobierno de Estados Unidos en 1901. No hubo concierto de voluntades como es propio de un tratado bilateral, ni tampoco buena fe por parte de Washington antes, durante y después de la firma de los tratados. «Un tratado viciado de nulidad de origen, como el Convenio para las estaciones carboneras y navales de 16/23 de febrero de 1903 [explica también Olga Miranda] no puede convalidarse por el simple hecho del transcurso del tiempo, sino únicamente cuando cesa la causa del vicio».[23] El Tratado de Relaciones de 1934, al contener artículos modificados de la Enmienda Platt, no cesó la causa del vicio.

Asimismo, el tratado de arrendamiento para la base de Guantánamo está viciado en su origen de nulidad absoluta por incapacidad radical de los gobiernos de la época para ceder un pedazo de territorio nacional disfrazando esa cesión de arrendamiento a perpetuidad, en violación del derecho constitucional de la nación.[24] El convenio sobre la base de Guantánamo de 1903, al otorgar durante el período en que Estados Unidos ocupara las áreas arrendadas, la jurisdicción y señorío completo sobre las mismas, convertía el acuerdo en un procedimiento engañoso para burlar el principio de integridad territorial consagrado en el artículo segundo de la Constitución cubana de 1901.[25]

Habría que añadir que ese espurio «arrendamiento» violentó no solo el articulado de la Constitución de 1901, sino también años más tarde la de 1940 y continúa hoy violentando la Constitución socialista cubana, refrendada por el 97,7% de los votantes cubanos en 1976.

La Constitución del 40 establecía: «el territorio de la República de Cuba está integrado por la Isla de Cuba, la Isla de Pinos y las demás islas y cayos adyacentes que con ella estuvieron bajo la soberanía de España hasta la ratificación del Tratado de París del 10 de diciembre de 1898. La República de Cuba no concertará ni ratificará pactos o tratados que en forma alguna limiten o menoscaben la soberanía nacional o la integridad del territorio».[26] La Constitución del 24 de febrero de 1976, en su artículo once, fue aún más enfática: «La República de Cuba repudia y considera nulos los tratados, pactos o concesiones concertados en condiciones de desi-gualdad o que desconocen o disminuyen su soberanía y su integridad territorial. Las relaciones económicas, diplomáticas y políticas con cualquier otro Estado no podrán ser jamás negociadas bajo agresión, amenaza o coerción de una potencia extranjera».

Por otro lado, jurídicamente no existe la posibilidad de un arrendamiento que pueda ser perpetuo. El Tratado de Relaciones de 1934 contenía algunas trampas alevosas como la de no fijar tiempo límite del arriendo de la base naval en Guantánamo y dejar solo a una de las partes, en este caso a Estados Unidos, la potestad de terminación del contrato.

Como se ha explicado, el Tratado de Relaciones de 1934 contenía vicios de nulidad de origen, pero a partir del triunfo de la Revolución Cubana en 1959, y hasta nuestros días, los tratados relacionados con la base naval norteamericana en Guantánamo son todavía más insostenibles desde el punto de vista jurídico.

Universalmente se considera que los tratados sin término contienen una condición tácita: solo se sostienen en el tiempo mientras duren las circunstancias existentes en el momento de su celebración. Es contrario a la razón y la naturaleza que los tratados sean perpetuos. Cuba hace mucho que no es una neocolonia yanqui, de ahí que ninguno de los tratados firmados en ese período pueda ser tomado como válido ante el profundo cambio de circunstancias. Mucho menos aquellos tratados espurios que fueron establecidos bajo amenazas y presiones, desde posiciones de fuerza.

Por otro lado, según el Derecho Internacional la permanencia de la base naval de Guantánamo contra la voluntad del pueblo cubano y en quebranto de la integridad territorial de la Isla califica como un acto de colonialismo. Así lo recoge la Resolución No. 1514, conocida como «Declaración contra el colonialismo», aprobada en la Asamblea General de Naciones Unidas el 14 de diciembre de 1960. Ese enclave colonial ha obstaculizado el ejercicio pleno de Cuba de su soberanía y ha sido usado como punto de agresión contra nuestra Isla durante varias administraciones estadounidenses. Otros tratados internacionales han sido violados.

En la conferencia de las Naciones Unidas sobre el Derecho de Tratados, celebrada en Viena, en 1969, se aprobó el 20 de mayo la Declaración sobre la Coacción Militar, Política o Económica en la Celebración de Tratados, texto que forma parte de su Acta Final, en la cual se condena «solemnemente el recurso a la amenaza o al uso de la presión en todas sus formas, ya sea militar, política o económica, por un Estado, con el fin de coaccionar a otro Estado para que realice un acto relativo a la celebración de un tratado en violación de los principios de igualdad soberana de los Estados y de la libertad de consentimiento».[27] Al propio tiempo, la mencionada Declaración de Viena deploró: «El hecho de que en el pasado los Estados se hayan visto algunas veces forzados a celebrar tratados ante las presiones ejercidas en diversas formas por otros Estados».[28]

En caso de una negociación bilateral sobre la base naval de Guantánamo, Estados Unidos tomaría como base el Tratado de

Relaciones de 1934, pero como ya hemos explicado eso es un error, en tanto ese tratado arrastró los vicios de nulidad del Convenio de 1903 que se sustentaba en la cláusula VII de la Enmienda Platt.

En 1962, el destacado jurista cubano Fernando Álvarez Tabío, en un ensayo publicado en la revista *Cuba Socialista*, donde fundamentaba ampliamente la ilegalidad de la base naval norteamericana en Guantánamo, concluyó:

> El contrato de arrendamiento a perpetuidad de los terrenos y mar territorial que integraban la Base de Caimanera carece de existencia legal y validez jurídica, está viciado en sus elementos esenciales: a) incapacidad radical del gobierno de Cuba para ceder a perpetuidad un pedazo del territorio nacional; b) por la misma razón el objeto y la causa son ilícitos; c) el consentimiento fue arrancado mediante violencia moral irresistible e injusta. [...] Un tratado inconstitucional y nulo de eficacia jurídica no confiere derechos, no impone obligaciones, no proporciona protección, carece de impositividad inexorable; es, desde el punto de vista legal, tan inoperante como si nunca se hubiese sancionado.[29]

Breve epílogo

Desde 1959 la devolución del territorio que hoy ocupa la base naval norteamericana en Guantánamo ha estado en la agenda de Cuba ante un posible proceso de normalización de las relaciones entre Cuba y Estados Unidos.

Cuba ha guardado los cheques de pago por el «arriendo» de la base desde 1960. Se guardan, como ha dicho el General de Ejército Raúl Castro, para exhibirlos el día que, devuelta la tierra ocupada, se haga un museo de lo que fue y significó esa oprobiosa base naval yanqui. Esta actitud de Cuba es también una manera de ratificar su rechazo a la existencia de la base naval norteamericana en nuestro territorio.

Durante la crisis de octubre de 1962 la devolución de la base fue uno de los cinco puntos planteados por Cuba. Quizás, si la dirección soviética en ese momento, en lugar del retiro de los cohetes nucleares estadounidenses en Turquía e Italia, que nada tenía que ver con la soberanía de Cuba, hubiese exigido a la administración Kennedy la devolución del territorio ilegalmente ocupado en Guantánamo, no existiera hoy esa base ignominiosa.

No obstante, Cuba siempre ha apostado por una solución pacífica y negociada del tema y jamás ha convertido este punto tan sensible para los cubanos en un obstáculo para el avance de un proceso de negociaciones con Estados Unidos. Lo que sí queda claro es que para Cuba es imposible pensar en una normalización de las relaciones mientras exista la base como una especie de puñal clavado en nuestras espaldas, en menoscabo de nuestra soberanía territorial. No solo debe cerrarse el centro ilegal y arbitrario de detención establecido por la administración Bush, donde se han cometido las más atroces torturas y violado sistemáticamente los derechos humanos, sino definitivamente devolver ese territorio a quienes pertenece: a los cubanos.

La estación naval de Guantánamo y el Derecho Internacional

Harold Bertot Triana

I. Introducción

En la lucha del pueblo y gobierno cubanos por la devolución de la estación naval de la bahía de Guantánamo cobra singular importancia entender desde una posición jurídica, y de acuerdo con elementales principios y normas jurídicas generados en el clima del Derecho Internacional, en qué consiste su remarcada ilegalidad, más allá de su indudable cuestionamiento ético, pues la estación ha sido convertida en centro de torturas y aislamiento de prisioneros capturados por Estados Unidos en Afganistán, Pakistán y otros lugares. A esta importante tarea correspondió hace algunos años la labor de prestigiosos juristas cubanos, cuyas conclusiones hoy siguen teniendo una vigencia extraordinaria. Ellos son Fernando Álvarez Tabío, Miguel D'Estéfano Pisani y Olga Miranda Bravo. Sobre sus ideas se expondrán las siguientes líneas, pues volver sobre este tema se torna un ejercicio imprescindible en el nuevo contexto de las relaciones entre Cuba y Estados Unidos, fundamentalmente porque ayuda a fijar nuestra posición en los justos reclamos para su devolución frente a los disímiles argumentos esgrimidos para su negativa.

II. La Convención de Viena de 1969 en el análisis de los acuerdos sobre la estación naval de Guantánamo entre Estados Unidos y Cuba

El 23 de mayo de 1969 fue aprobada en la Conferencia de las Naciones Unidas celebrada en Viena la Convención sobre el Derecho de Tratados. En esta se codificó la mayoría de las normas internacionales aplicables a los tratados, cuya historia se remonta al Tratado de Paz entre España y los Países Bajos firmado en Münster en 1648, año considerado como fundacional del moderno sistema de Estados. Realizar un análisis jurídico de los acuerdos sobre la estación naval de Guantánamo a la luz de este importante instrumento jurídico internacional, de vocación universal, supone una tarea de primer orden.

Varios argumentos generalmente se exponen para impugnar el análisis jurídico de los acuerdos de la estación naval de Guantánamo al amparo de esta Convención. En primer lugar, se aduce, que la Convención prevé el principio de irretroactividad en su artículo 4, que impide aplicar sus normas a acuerdos firmados con anterioridad a su entrada en vigor. En segundo lugar, que si bien la Convención entró en vigor el 27 de enero de 1980, Estados Unidos figura solamente como signatario, sin que la haya ratificado aún.

Si bien estos argumentos son ciertos, es necesario precisar que mi intención consiste únicamente en establecer una analogía de las posibles soluciones de casos que puedan resolverse al amparo de esta Convención. Nada impide que pueda hacerse de esta forma, es decir, que se tenga a la Convención como guía normativa. No se puede olvidar que dicha Convención es fruto de una labor codificadora de normas de carácter consuetudinario y de los principios generales que la práctica internacional consagró con carácter marcado desde el siglo XIX No pocos autores —como Klüber, Funck Breton, Fenwick, Carlos Calvo, Bustamante— consideraron que en la primera mitad del siglo XX el Derecho Internacional lo constituyeron generalmente obligaciones que se fundaron en la costumbre, o aquel conjunto de reglas aceptadas por la comunidad general de las naciones y los medios por los cuales los derechos pueden ser protegidos y las violaciones reprimidas.[1] Esta fue la suerte de la evolución del Derecho Internacional en materia de tratados, que encontró su esfuerzo supremo de codificación en la Convención de Viena, y cuyos preceptos sirven de guía para resolver cualquier litigio concerniente a cualquier tratado firmado con anterioridad a su entrada en vigor. La propia Corte Internacional de Justicia, en su artículo 38, establece que, como su función es decidir conforme al Derecho Internacional las controversias que le sean sometidas, deberá aplicar: a) las convenciones internacionales, sean generales o particulares, que establecen reglas expresamente reconocidas por los Estados litigantes; b) la costumbre internacional como prueba de una práctica generalmente aceptada como derecho; c) los principios generales de Derecho reconocidos por las naciones civilizadas; d) las decisiones judiciales y las doctrinas de los publicistas de mayor competencia de las distintas naciones, como medio auxiliar para la determinación de las reglas de Derecho, sin perjuicio de lo dispuesto en el artículo 59. Así mismo no se restringe su facultad para decidir un litigio *ex aequo et bono* (según lo adecuado y bueno), si las partes lo convinieren.

En la propia práctica judicial norteamericana, pese a que Estados Unidos figura únicamente como signatario, sin haberla ratificado, algunas cortes han llevado a cabo interpretaciones de acuerdo con esta Convención. El jurista norteamericano Evan Criddle, del College of William & Mary Law School, apunta que si bien desde su entrada en vigor en 1980 la Corte Suprema de Estados Unidos no ha aplicado la Convención, esto no ha sido obstáculo para que las cortes federales y estaduales hayan aplicado las reglas enunciadas en la Convención de Viena, como un Derecho basado en la práctica internacional, y expresión de un Derecho Internacional que recoge un guía imprescindible.[2] El propio secretario de Estado de Nixon, en los momentos en que se presentó el texto de la Convención al Senado para su ratificación, reconoció que pese a no haber entrado en vigor —lo hace en 1980— el documento tenía un reconocimiento generalizado como una guía autorizada para la práctica y el Derecho de Tratados actual, que llevaba incluso a que el propio Departamento de Estado lo consultara «diariamente en problemas referidos a los Tratados».[3]

Pese a divergencias abiertas por esta asimilación imperfecta del convenio en Estados Unidos, que ha puesto de relieve dos visiones sobre el papel institucional de las cortes en litigios relativos a los tratados —una sugiere que las cortes domésticas tomen parte en un sistema judicial internacional a partir de aceptar los estándares internacionales; mientras la otra, de naturaleza más nacionalista, considera la rama judicial como un custodio de la soberanía nacional, encargada de la responsabilidad de salvaguardar las normas legales internas y las preferencias políticas—, a juicio de Evan Criddle la Convención de Viena se dirige a proveer a las cortes norteamericanas de la autoridad de las reglas internacionales reconocidas en la construcción de los tratados, y necesarios hoy, como no lo han sido en otro momento de la historia de Estados Unidos de Norteamérica:

> Estas reglas son completamente compatibles con los compromisos constitucionales de Estados Unidos (sujeto, posiblemente, a las reservas del Senado, declaraciones y entendimientos) y claramente satisfacen la prueba de «escala móvil» de la Corte Suprema para la incorporación judicial del Derecho Internacional establecido. Como una guía de la costumbre internacional en este campo, las reglas de la Convención de Viena de Tratados proporcionan una invaluable plataforma para servir de marco en el afán de armonizar la jurisprudencia en materia de Tratados en Estados Unidos con el Derecho Internacional.[4]

Esta es una de las razones por las que, en buena parte de la literatura norteamericana en materia de tratados, la Convención de

Viena tiene un punto de coincidencia. Profesores norteamericanos de Derecho Internacional, como Lea Brilmayer de Yale Law School, junto a Isaias Yemane Tesfalidet, por ejemplo, defienden hacer una analogía de las cláusulas contentivas de la Convención de Viena sobre Derecho de Tratados para enfrentar la opinión de aquellos que, como Curtis Bradley y Mitu Gulati, profesores de Duke Law School, defienden la proposición de un retiro unilateral de aquellas obligaciones impuestas por fuerza legal de las normas consuetudinarias en las que sea parte Estados Unidos, y con las que estén en desacuerdo (*default view*).[5]

En definitiva, la Convención de Viena sobre tratados no hace sino codificar una tendencia que se remonta a los tiempos en que Hugo Grocio y Emmerich de Vattel caracterizaron al tratado como análogo a las reglas del contrato privado de Derecho Civil, y hasta en Estados Unidos Alexander Hamilton invocó en el *Federalista* los principios del contrato privado para definir y delimitar el poder del tratado.[6] La validez y vigencia de los principios y reglas internacionales que se derivaron fueron las que lograron codificarse en la Convención de Viena respecto a la capacidad de las partes para obligarse en un tratado, el libre consentimiento, la perdurabilidad de las circunstancias o la causa que originó el acuerdo, etc. Es decir, se tiene en cuenta para el análisis si hubo capacidad y libre consentimiento, si el objeto del contrato —en este caso el arrendamiento— es lícito y posible, y si la causa que lo originó perdura en el tiempo. Por tal razón, no ha faltado algún ideólogo de los intereses norteamericanos que haya pretendido justificar la legalidad de la estación naval en territorio cubano haciendo una analogía de su situación con las estipulaciones que prevé la propia Convención de Viena de 1968. De este modo, Joseph C. Sweezy, profesor de Derecho de la Fordham University School of Law, de New York, ha expuesto los siguientes argumentos, que ofrezco de manera resumida:

- Primero: que a pesar de los esfuerzos para eliminar todos los tratados impuestos por los poderes coloniales, en el sentido de la Carta de las Naciones Unidas, la Convención de Viena estableció en su artículo 56 que un tratado que no contenga disposiciones sobre su terminación ni prevea la denuncia o el retiro del mismo no podrá ser objeto de denuncia o de retiro. En tal sentido, manifiesta que la terminación del acuerdo respecto al territorio que ocupa la base naval de Guantánamo, según se estableció, solo se producirá por acuerdo de las dos partes o por abandono por parte de Estados Unidos, y por tanto se presume la perpetuidad a tenor del artículo 26 — principio de *pacta sunt servanda*.[7]

- Segundo: que no se ha producido un cambio sustancial en las circunstancias que cambien radicalmente la extensión de las obligaciones establecidas, a los efectos de invocar la cláusula *rebus sic stantibus*, y poder revocar el acuerdo. Para ello arguye que el cambio de Guantánamo de una «estación carbonera» (*coaling station*), como expresó el acuerdo de 1903, a una «base naval multipropósito» (*multi-purpose naval base*), no viola esta doctrina. De todas formas —sostiene este autor— el arriendo dice «estaciones navales y carboneras» (*coaling and naval stations*) y la transformación del sistema de propulsión de barcos «de carbón a petróleo no fue seguramente una base esencial del acuerdo».[8] Respecto a la utilización del lugar como campo de detención, si bien consiente que una prisión militar no es necesariamente la función de una estación de este tipo, una prisión naval (*naval brig*) para una pena de corta duración está incluida en todas las estaciones navales.

- Tercero: que respecto a la nulidad del acuerdo obtenido por la amenaza o el uso de la fuerza, según el artículo 52 de la Convención, si bien la Enmienda Platt fue incorporada a la Constitución de 1901 mediante coacción, el arrendamiento de 1903 y 1934 fue realizado por un gobierno cubano con un control total (*full control*) de su tierra y su pueblo y no sujeto a ocupación por un ejército hostil.[9]

A continuación me ocuparé con detenimiento de las opiniones vertidas por este autor norteamericano, que de alguna manera recogen las posiciones que justifican jurídicamente la estación naval en territorio cubano. En un primer momento, haré un breve recuento de la historia que derivó en la imposición de la Enmienda Platt y el Tratado Permanente de 1903, y luego me referiré a los hechos que marcaron la historia en los primeros años de la década del treinta y que desembocaron en el nuevo Tratado de Relaciones Permanente de 1934. En ambos momentos me detendré a realizar un pequeño análisis jurídico de estos acuerdos según las reglas y principios del Derecho Internacional.

III. La Enmienda Platt y el Tratado Permanente de 1903. Su nulidad de acuerdo con el Derecho Internacional

Desde 1805 Cuba pasó a ocupar un lugar importante en la órbita expansionista de Estados Unidos. Comenzando por la época del presidente Thomas Jefferson, las estrategias para apoderarse de Cuba se trazaron en torno a un grupo de doctrinas expansionistas, casi siempre conclusivas en un posible apoderamiento de la Isla por compra, anexión u ocupación. Bajo la presidencia de James Monroe, las discusiones sobre este tema habían oscilado hacia el triunfo de las ideas de su secretario de Estado, y más tarde también presidente, John Quincy Adams, quien, ante la presión inglesa que imposibilitaba tomar a Cuba, hizo énfasis en adoptar una política de acecho, «en espera paciente», conectada a las pretensiones de que «la perla» —como llamaban a Cuba— se encontrara en las «manos más débiles», las de España, a la cual se le podía arrebatar con más facilidad en cualquier momento. Consideradas Puerto Rico y Cuba para Adams «apéndices naturales del Continente americano», agregaba:

> Pero hay leyes de gravitación política, como las hay de gravitación física, y así como una manzana separada del árbol por la fuerza del viento no puede, aunque quisiera, dejar de caer al suelo, Cuba, rota la artificial conexión que la une a España, separada de ésta e incapaz de sostenerse a sí misma, ha de gravitar necesariamente hacia la Unión Norteamericana; y solo hacia ella. A la Unión misma, por su parte, le será imposible, a virtud de la propia ley, dejar de admitirla en su seno.[10]

Cuba fue considerada para los políticos de Estados Unidos como una especie de fideicomiso en manos de España hasta que comenzó en 1868 la guerra de independencia en Cuba, según expresó el historiador Ramiro Guerra. Ante esta situación, y con temor a un triunfo revolucionario que pudiera desbordar sus pretensiones, Estados Unidos no solo se negó a reconocer a la República en Armas surgida en las fuerzas independentistas, sino que bajo una falsa «neutralidad» vendió armas a España y obstaculizó en sus tierras el desarrollo de operaciones de ayuda a la Revolución. Bajo la presidencia de McKinley, llegado al poder en 1894, y quien fijó como objetivo en su política exterior apoderarse de los restos del imperio colonial español, se produjo la misteriosa explosión del acorazado norteamericano *Maine*, fondeado en el puerto de La Habana en 1898. Este sería el pretexto utilizado para entrar en el conflicto y poner en vigor la llamada Resolución Conjunta, aprobada en el Congreso norteamericano. En esta ocasión, se alzaron con el triunfo una vez más aquellas fuerzas que apostaban por una política exterior más cercana a Cuba, como se demostró después de la aprobación de un texto inicial de la Resolución por el Senado, rechazada por la Cámara de Representantes, la cual bajo la presión del Ejecutivo puso como condiciones para su aprobación final que no se hiciera mención en esta a la «República de Cuba» y la negativa de reconocer la personalidad jurídica del Consejo de Gobierno de las fuerzas alzadas en armas. En dicha Resolución, se hacía constar:

- Primero: que el pueblo de Cuba es y de derecho debe ser libre e independiente.

- Segundo: que es deber de Estados Unidos exigir, como su gobierno exige, que el gobierno de España renuncie inmediatamente a su autoridad y gobierno en la isla de Cuba y retire del territorio de esta y de sus aguas sus fuerzas militares y navales.

- Tercero: que por la presente se da orden y autoridad al presidente de Estados Unidos para usar en su totalidad sus fuerzas militares y navales y para llamar a servicio activo de la milicia de los diferentes Estados hasta donde sea necesario para llevar a efecto esta resolución.

- Cuarto: que Estados Unidos declara por la presente que no tiene intención ni deseo de ejercitar en Cuba soberanía, jurisdicción o dominio, excepto para la pacificación de la Isla, y afirman su determinación, cuando esta se haya conseguido, de dejar el gobierno y dominio de Cuba a su propio pueblo.

Al borde del colapso en las fuerzas españolas, sobrevino la intervención norteamericana en el conflicto y la firma del Tratado de París en 1898 sin representación cubana alguna, y en la que no se hacía mención a la independencia de Cuba. En este se expresaba:

Artículo 1. España renuncia a todo derecho de soberanía y propiedad sobre Cuba. En atención a que dicha Isla, cuando sea evacuada por España, va a ser ocupada por los Estados Unidos, mientras dure su ocupación, tomarán sobre sí y cumplirán las obligaciones que, por el derecho internacional, para la protección de vidas y haciendas.

Artículo 16. Queda entendido que cualquier obligación aceptada en este Tratado por los Estados Unidos respecto a Cuba, está limitada al tiempo que dure la ocupación de esta Isla, pero al terminar dicha ocupación aconsejarán al Gobierno que se establezca en la isla que acepte las mismas obligaciones.

Con la derrota de las fuerzas españolas en la Isla, siguió la firma del Tratado de París del 10 de diciembre de 1898, donde España renunció a «todo derecho de soberanía y propiedad sobre Cuba». Desde ese entonces todo el territorio cubano quedó unificado bajo el gobierno militar norteamericano. A partir de ese momento se inicia una política de disolución del Ejército Libertador, el cual había luchado desde 1868 por su independencia, y la industria azucarera se afianza en manos norteamericanas, todo ello unido a la puesta en marcha de una política arancelaria al servicio de la penetración económica. El presidente McKinley se dirigiría al Congreso, en el que comunicó que «Cuba tiene que estar necesariamente ligada a Estados Unidos por vínculos especiales; dichos vínculos podrían ser orgánicos o convencionales [...] Solamente el futuro dirá hasta dónde el destino de Cuba habría de estar irrevocablemente unido al destino de los Estados Unidos».[11]

Impuesta una autoridad militar norteamericana en la Isla, en abril de 1900 se convoca para elecciones municipales con la organización de partidos políticos como el Republicano Federal de Las Villas, y el Nacional, muy cercano al gobernador militar Leonardo Wood.

Ese mismo año, mediante la orden militar 301 del gobernador militar norteamericano, el 25 de julio de 1900, se hace un llamado a elecciones con el fin de elegir delegados «para redactar y adoptar una Constitución para el pueblo de Cuba, y como parte de ella proveer y acordar con el Gobierno de los Estados Unidos en lo que respecta a las relaciones que habrán de existir entre aquel y el Gobierno de Cuba».[12] Según relata el jurista cubano Ramón Infiesta, como no se aclaraba suficientemente este último particular los patriotas cubanos entendieron que ello podía trascender en una limitación conceptual y práctica de la soberanía nacional que había de informar la Constitución. Muchos cubanos se apartaron de la lucha electoral por entender que la controversia sobre las relaciones entre Cuba y Estados Unidos era improcedente, como fue el caso de Enrique José Varona, que renunció a su postulación por Camagüey por el Partido Republicano. En un momento cercano a las elecciones el propio Partido Republicano pretendió obstaculizar las elecciones hasta que no se aclarase suficientemente el extremo de las relaciones futuras entre Cuba y Estados Unidos, lo cual llevó incluso a expulsar al secretario del partido por no haber cursado un telegrama a Washington protestando ante el Gobierno el texto de la convocatoria. Sin embargo, el Partido Nacional, el más fuerte de la capital, donde militaba la mayor parte de los autonomistas, no solo admitió la convocatoria del general Wood, sino que hizo convencer al Partido Republicano de la necesidad de ir a las elecciones para abandonar la provisionalidad castrense y redactar una Constitución. En este punto escribió Infiesta:

> La actitud del Partido Nacional, ganoso inclusive del copo electoral, determinó lo que determina, en toda época, el desarrollo de una gran fuerza política con el apoyo oficial: la unión, enfrente, de todos los oposicionistas. Se coligaron el Partido Republicano, fundado para estas elecciones, y el Partido Democrático. Y en las elecciones celebradas el 15 de septiembre de 1900 triunfaron en Las Villas, en muchos lugares obtuvieron el factor suficiente para que su presencia en la Constituyente hiciera sentir.[13]

En solo 22 días, del 24 de enero al 14 de febrero de 1901, se discutió y acordó la Constitución, y el día 21, en horas de la tarde, los delegados firmaron por duplicado la Constitución, a los acordes del himno nacional. De esta forma, en el artículo 2 de la Constitución de 1901 quedó regulado el ámbito sobre el que recaería la soberanía territorial de Cuba: «Componen el territorio de la República, la Isla de Cuba, así como las islas, y cayos adyacentes que con ella estaban bajo la soberanía de España hasta la ratificación del Tratado de París de 10 de diciembre de 1898».

Luego de este paso, se procedió, conforme a la convocatoria de la orden militar, a tratar las relaciones políticas entre Estados Unidos y Cuba. Una comisión, designada por la propia Convención e integrada por Manuel R. Silva, Gonzalo de Quesada, Enrique Villuendas, Diego Tamayo y Juan Gualberto Gómez, se encargaría del estudio y proposición en este marco. A esta Convención, por medio del propio gobernador militar, se le hizo conocer cinco puntos sobre los cuales girarían las relaciones entre Estados Unidos y Cuba, todos marcados por el intervencionismo más crudo, con el «derecho de intervenir» «para la conservación de la independencia de Cuba», entre otros puntos verdaderamente ofensivos para la soberanía de Cuba. La comisión los hizo saber a la Convención y elaboró un dictamen en el que se rechazó de plano cada uno de estos puntos. El gobierno de Estados Unidos no tardó en contrastar y convirtió estos cinco puntos en ley por el Congreso, cuyo senador, Orville H. Platt, fue el encargado de presentarla en el seno de la Comisión de Relaciones Exteriores del Senado, hasta que finalmente fue aprobada como enmienda a la Ley de Presupuestos del Ejército, por el Senado y la Cámara de Representantes, y sancionada por el presidente de Estados Unidos.

Ante esta situación algunos convencionalistas —y esto es de suma importancia para el análisis jurídico que haré posteriormente— opinaron que en la convocatoria no figuraban facultades para acordar los extremos que Estados Unidos solicitaba, y por tanto no estaba autorizado para limitar la independencia del país en esa forma, conforme a la orden que la creara. El gobernador Wood entonces emitió otra orden militar, el 12 de marzo, mediante la cual se hacían suficientes las facultades de la Convención para acordar los particulares respecto de los cuales ella dudaba tener atribuciones. En aquella ocasión Manuel Sanguily creyó que la Convención debía disolverse antes de acordar lo que afectase la soberanía del nuevo Estado cubano.[14]

El 7 de marzo se reiteraron los mismos integrantes de la comisión para que propusiera a la Convención una respuesta al gobernador Wood. Redactada y expuesta por Juan Gualberto Gómez, la comisión aceptaba algunas de sus cláusulas, pero rechazó aquellas que hacían referencia al derecho de intervención, la omisión de la Isla de Pinos de los límites de Cuba y la venta o arrendamiento de estaciones navales o carboneras, sobre la base del criterio de la limitación de la independencia de Cuba respecto a Estados Unidos.[15]

Sucedidas algunas discusiones en la asamblea, con la prensa y el público envueltos en una gran euforia y la aparición de una actitud conciliadora, las presiones de Wood lograron que se suspendiera en abril el debate sobre la ponencia de Juan Gualberto Gómez. Sin embargo, se decidió enviar una comisión a Estados Unidos con las instrucciones de condenar expresamente las cinco propuestas del gobierno norteamericano reflejadas en la enmienda. Esta comisión estuvo integrada por el presidente de la Convención, Domingo Méndez Capote, Diego Tamayo, Pedro González Llorente y los generales Rafael Portuondo y Pedro Betancourt. Por otro tanto, Washington se apresuró a comunicar públicamente que la comisión visitaba Estados Unidos sin invitación alguna, lo cual la despojada de todo carácter oficial y la imposibilitada para discutir.

No obstante, en entrevista celebrada los días 25 y 26 de abril con el secretario de Guerra, Elihut Root, este hizo saber la verdadera postura de Estados Unidos. Afirmaría que la inclusión de la enmienda en la Constitución cubana integraba la prueba de que la nación norteamericana entendía, aceptaba y proclamaba a Cuba plenamente independiente, y que incluso si a Cuba se le pidiera la convalidación del régimen de ocupación militar mediante leyes que habría de aprobar su Congreso, se le estaba reconociendo la plena potestad legislativa. Por ello si de Cuba se solicitaban estaciones navales y la abstención en el acuerdo de tratados sin intervención norteamericana, en cuanto afectara la integridad internacional de ambos países, esto era muestra también de que se le estaba reconociendo soberanía. El secretario de Guerra alegaría también que ocupar la Isla en esos momentos o después, e impedir que esos tratados se formularan o acordaran mediante una acción directa, no solo lo podía Estados Unidos, sino que lo estaba haciendo y, además, tenía derecho a hacerlo, porque «desde hace tres cuartos de siglo los Estados Unidos han proclamado ese derecho a la faz del mundo americano y europeo, y han negado a otros Estados hasta la intervención amistosa en los asuntos cubanos», siendo indudable «que los Estados Unidos conservan ese derecho respecto a Cuba».[16]

En esta argumentación, el secretario expresaría que, como Estados Unidos profesaba el principio de la libre determinación de los pueblos, prefería que Cuba fuera independiente, pero que no era razonable pedir a Estados Unidos que respetaran el postulado del albedrío nacional hasta el extremo de poner en peligro su propia seguridad. Con su flamante libertad, ¿qué podría ser Cuba contra Inglaterra o Francia —preguntó en aquella entrevista— si Estados Unidos llevara a sus últimas consecuencias la actitud de inhibirse que le proponen los cubanos? La Isla sería rápidamente —respondió— presa de ambiciones extrañas y pasaría, a través de una independencia fugaz, del poder de España al poder de otra potencia extranjera, lo cual no podía consentir el gobierno de Estados Unidos.[17]

Después de haber escuchado al secretario de Guerra, los comisionados comprendieron el alcance de sus palabras y prefirieron no argumentar ni disentir; solo se limitaron a precisar el alcance y oportunidad del derecho de intervención. La reacción en la Convención después de dar cuenta dicha comisión de sus gestiones, a lo que habría que agregar una carta de Platt comentando su enmienda, fue de gran desencanto; algunos tildaron a la comisión de inhabilitada y de ser débil. La comisión, por su lado, habiendo calado las verdaderas pretensiones norteamericanas, informó que había salido de Washington «con la impresión de que el Ejecutivo se encuentra fuertemente apoyado en su política respecto a Cuba, lo que parece ser estimado por la generalidad como política nacional americana en cuanto a los *problemas cubanos*».[18] Es por ello que ante la interrogación del convencionalista Manuel Sanguily, el comisionado Pedro González Llorente concretó diciendo «que creía que la no aceptación prolongaría la ocupación militar».[19]

Aprobado un informe en un inicio por la Convención, con algunas adiciones sobre la versión de la Enmienda Platt, el 28 de mayo, este provocó que el secretario de Guerra norteamericano le hiciera saber a Domingo Méndez Capote, presidente de la Convención, que el presidente McKinley no aceptaría otra cosa que la ratificación expresa de la enmienda, tal como había sido aprobada por el Congreso norteamericano:

> El Presidente norteamericano no está autorizado para actuar en modo alguno, según el estatuto, hasta que un Gobierno cubano se establezca bajo una Constitución. Cuando esto se haya hecho, será su deber examinar la Constitución, y ver si en ella se han adoptado, en sustancia, las demás disposiciones que se especifican en la ley del Congreso. Si entonces él encuentra esas disposiciones en la Constitución, está autorizado para retirar el Ejército; si no las encuentra allí, entonces, no está autorizado para retirar el Ejército.[20]

Finalmente el 12 de junio de 1901 quedaría aprobada la Enmienda Platt como apéndice a la Constitución. En lo concerniente a las estaciones navales quedó de la siguiente forma:

> Artículo 7. Para poner en condiciones a los Estados Unidos de mantener la independencia de Cuba y proteger al pueblo de la misma, así como para su propia defensa, el Gobierno de Cuba venderá o arrendará a los Estados Unidos las tierras necesarias para carboneras o estaciones navales en ciertos puntos determinados que se convendrán con el Presidente de los Estados Unidos.
>
> Artículo 8. El Gobierno de Cuba insertará las anteriores disposiciones en un tratado permanente con los Estados Unidos.

En tal sentido, y para dar cumplimiento al artículo VII del apéndice constitucional impuesto a la Convención Constituyente, se firmó un Convenio del 16 al 23 de febrero de 1903 en los términos siguientes:

> Artículo I. La República de Cuba arrienda por la presente a los Estados Unidos por el tiempo que las necesitaren y para el objeto de establecer en ellas estaciones carboneras o navales, las extensiones de tierra y agua, situadas en la Isla de Cuba que a continuación se describen [...].
>
> Artículo II. La concesión del artículo anterior incluirá el derecho a usar y ocupar las aguas adyacentes a dichas extensiones de tierra y agua, y a mejorar y profundizar las entradas de las mismas y sus fondeaderos, y en general a hacer todo cuanto fuere necesario para poner dichos lugares en condiciones de usarse exclusivamente como estaciones carboneras o navales y para ningún otro objeto.
>
> Los buques dedicados al comercio con Cuba gozarán de libre tránsito por las aguas incluidas en esta concesión.

Artículo III. Si bien los Estados Unidos reconocen por su parte la continuación de la soberanía definitiva de la República de Cuba sobre las extensiones de tierra y agua arriba descritas, la República de Cuba consiente, por su parte, en que durante el período en que los Estados Unidos ocupen dichas áreas a tenor de las estipulaciones de este Convenio, los Estados Unidos ejerzan jurisdicción y señorío completos sobre dichas áreas con derecho a adquirir (bajo las condiciones que más adelante habrán de convenirse por ambos Gobiernos) para los fines públicos de los Estados Unidos, cualquier terreno u otra propiedad situada en las mismas, por compra o expropiación forzosa, indemnizando a sus poseedores totalmente.[21]

El 2 de julio de 1903, por otro tanto, se aprobó el Reglamento para el Arrendamiento de las Estaciones Navales y Carboneras:

Artículo I. Los Estados Unidos de América acuerdan y estipulan pagar a la República de Cuba la suma anual de dos mil pesos en moneda de oro de los Estados Unidos, durante todo el tiempo que estos ocuparen y usaren dichas áreas de terreno en virtud del mencionado Convenio.

Todos los terrenos de propiedad particular y otros bienes inmuebles comprendidos en dichas áreas serán adquiridos sin demora por la República de Cuba. Los Estados Unidos de América convienen en suministrar a la República de Cuba las cantidades necesarias para la compra de dichos terrenos y bienes de propiedad particular, y la República de Cuba aceptará dichas cantidades como pago adelantado a cuenta de la renta debida en virtud de dicho Convenio.[22]

III.1. *La posibilidad de invocar la nulidad como fundamento jurídico de la invalidez de los tratados*

Sobre el primer punto al que se refirió Joseph C. Sweeney, con mención a la imposibilidad de denunciar o retirarse de un tratado si no está estipulado en este, según la Convención de Viena —que se apartó de regulaciones convencionales como la propia Convención sobre Tratados, aprobada en la Sexta Conferencia Internacional Americana, celebrada en La Habana, del 16 de enero al 20 de febrero de 1928, que reconocía en su artículo 17, segundo párrafo: «A falta de estipulación, el Tratado puede ser denunciado por cualquier Estado contratante, quien notificará a los otros de esta decisión, siempre que haya cumplido todas las obligaciones convenidas en el mismo»—,[23] este autor olvida importantes cuestiones del Derecho Internacional, a los efectos de poner en su justo lugar la viabilidad jurídica de las reclamaciones de Cuba respecto a la estación naval de Guantánamo.

En la Convención de Viena hay que distinguir entre las *causas de nulidad de los tratados* y las *formas de terminar o suspenderse un tratado* válidamente celebrado y concluido. Entre las primeras se inscriben la incompetencia para expresar la voluntad del sujeto, que incluye la violación de disposiciones de Derecho interno relativos a la competencia para celebrar tratados (art. 46) y la inobservancia por el representante de una restricción específica de sus poderes para manifestar su consentimiento (art. 47). Otra causa de nulidad viene dada como consecuencia de un vicio del consentimiento, como el error (art. 48), el dolo (art. 49), la corrupción del representante (art. 50) y la coacción sobre el mismo (art. 51); así también la nulidad por la sanción del recurso a la amenaza o el uso de la fuerza para coaccionar a un Estado o a una organización internacional (art. 52), y la ilicitud del objeto, esto es, la oposición del tratado con una norma imperativa del Derecho Internacional general (*ius cogens*) preexistente (art. 53).

Entre las segundas, se prevé la terminación y suspensión de conformidad con las disposiciones del tratado o por acuerdo posterior de las partes. Por ello se tiene que las partes establezcan en el tratado, a su elección, *cláusulas de duración* para fijar un término o un período de vigencia, y *cláusulas de denuncia*, condicionadas por diversos factores temporales, formales y materiales. Por otro lado, se puede terminar o suspender un tratado por acuerdo expreso o tácito de las partes que así lo convienen. La Convención contempla también la invocación de cláusulas extrínsecas al tratado, como su violación grave —la violación de una disposición esencial para la consecuencia del objeto o fin del tratado—, la imposibilidad subsiguiente del cumplimento —por ejemplo, que desaparezca una isla, se deseque un río o se desmorone una presa, todo lo cual hace imposible el cumplimiento de un tratado—, el cambio fundamental en las circunstancias —cláusula *rebus sic stantibus*, de la que me ocuparé más adelante— y la aparición de una nueva norma imperativa del Derecho Internacional general (*ius cogens superveniens*), entre otras que se reconocen al margen de la Convención.

La doctrina del Derecho Internacional reconoce que lo supuesto de los artículos del 46 al 50 —violación de disposiciones de Derecho interno relativas a la competencia para celebrar tratados, la inobservancia por el representante de una restricción específica de sus poderes para manifestar su consentimiento, el error, el dolo, la corrupción del representante y la coacción sobre el mismo— puede ser invocado por el Estado afectado y provocar una nulidad relativa o anulabilidad, que a diferencia de la nulidad absoluta puede ser sanada posteriormente si, una vez que se tenga conocimiento de los hechos, se ha convenido expresamente que el tratado es válido o que el sujeto afectado se ha comportado de manera tal que debe considerarse que ha dado su aquiescencia para su validez o renuncia a alegar su nulidad.

Mientras que las causas recogidas en los artículos del 51 al 53 —coacción sobre el representante, coacción sobre el sujeto mediante la amenaza o el uso de la fuerza y contradicción con una norma de *ius cogens* existente en el momento de su celebración— producen una nulidad absoluta, donde no hay posibilidad de que el tratado pueda ser «sanado», por lo que puede ser invocada por cualquier sujeto parte en el tratado o incluso puede ser apreciada de oficio por un órgano llamado a aplicar el tratado, cuando la nulidad está basada en la coacción del sujeto o la infracción del *ius cogens*. Se prevé entonces que la nulidad absoluta afecte todo el tratado desde el inicio (*ad initio*) y no solo desde la fecha en que se ha alegado o se haya establecido la causa de nulidad. Las disposiciones de un tratado nulo —establece el artículo 69 de la Convención de Viena— carecen de fuerza jurídica. Por su parte la nulidad relativa permite en algunos casos la nulidad parcial, limitada a las disposiciones afectadas por la causa apreciada (artículo 44).

Volviendo a las argumentaciones de Joseph C. Sweeney, este autor no toma en cuenta que las estipulaciones de la Convención de Viena sobre la denuncia o el retiro operan para los tratados válidamente establecidos, y lo que está en discusión, como veremos, es precisamente la existencia de causas que se enmarcan en los supuestos de nulidad absoluta y relativa, que no requieren estipulaciones de este tipo para invocarlas.

No obstante, la Convención de Viena, si bien establece que «un tratado que no contenga disposiciones sobre su terminación ni prevea la denuncia o el retiro del mismo, no podrá ser objeto de denuncia o de retiro», contiene excepciones en el propio artículo, en el sentido de que no podrá ser objeto de denuncia o de retiro a menos que: a) conste que fue intención de las partes admitir la posibilidad de denuncia o de retiro, o b) el derecho de denuncia o de retiro pueda inferirse de la naturaleza del tratado.

Estas excepciones, sobre todo la que se refiere al inciso b), son las que permitirían, en todo caso, y según se refirió el gran jurista cubano, Fernando Álvarez Tabío, como delegado de Cuba a las sesiones de la Conferencias de las Naciones Unidas —Viena, abril y mayo de 1969—, la aplicación de la cláusula *rebus sic stantibus* para finalizar el tratado por un «cambio fundamental en las circunstancias ocurrido con respecto a las existentes en el momento de la celebración de un tratado y que no fue previsto por las partes», tal como reconoce el artículo 62 de la propia Convención —a la que Joseph C. Sweeney también se opone, según se verá más adelante.[24]

III.2. El contrato de «arrendamiento»

El segundo punto consiste en advertir el verdadero contenido que se escondió bajo el reconocimiento por ambas partes de un «contrato de arrendamiento» de las extensiones de tierra y agua establecidas en el Convenio, a través del cual Estados Unidos ejercería «jurisdicción» y «señorío» sobre una parte del territorio de Guantánamo, «por el tiempo que las necesitaren», en consonancia al propio artículo 7 de la Enmienda y los artículos 1 y 3 del Convenio de febrero de 1903. En buena técnica jurídica, en el contrato de arrendamiento el arrendador no pierde en ningún momento la «jurisdicción» y el «señorío» sobre el espacio físico que arrienda. Si estableciéramos una analogía con el contrato de Derecho Privado, el arrendador solo cede el uso y el disfrute al arrendatario, sin que esto implique ceder la propiedad de dicho espacio, que en este ámbito implica ceder la «jurisdicción» y el «señorío». Evidentemente se denominó como arrendamiento a un acuerdo que en su contenido contemplaba el ejercicio propio que ostenta cualquier propietario de una cosa, o cualquier Estado que ostenta la soberanía de un territorio. Por más que se intentó destacar el reconocimiento de la soberanía definitiva de la República de Cuba sobre estas extensiones de tierra y agua, contrario al principio de integridad territorial, consagrada en el artículo segundo de la Constitución de 1901, el Estado arrendador perdía toda soberanía, es decir, «jurisdicción» y «señorío».

En fecha más reciente, este sería el argumento del Tribunal Supremo de Estados Unidos en los casos Rasul *vs.* George Bush y Hamdi *vs.* Rumsfeld, en el año 2004, relacionados con los detenidos en la base naval de Guantánamo capturados por el ejército norteamericano en Afganistán, Pakistán y otros lugares, y despojados de todos los derechos que reconocen los Pactos de Derechos Humanos y los Convenios de Ginebra, codificadores del Derecho Internacional Humanitario. Estos casos concluyeron, para desmedro de los derechos y garantías de los detenidos, que Guantánamo estaba bajo la «jurisdicción exclusiva» de Estados Unidos, pero que no era territorio de Estados Unidos sino de Cuba, arrendado a perpetuidad a Estados Unidos.[25]

¿Se pudiera engañar a alguien diciendo que estos derechos que le confieren una «jurisdicción y señorío completos» en virtud de un «contrato de arrendamiento» no hacen mención a facultades y atribuciones expresamente reconocidas a Estados soberanos sobre un territorio determinado, y que en este caso se daban realmente las facultades de un propietario a Estados Unidos, como reconoce desde fecha tan lejana el propio Instituto Americano de Derecho Internacional, que en su sesión de Washington del 6 de enero de 1916 aprobó una Declaración de los Derechos y Deberes de las Naciones, donde establecía en su punto IV: «Toda nación tiene el derecho a un territorio dentro de fronteras definidas, y a ejercer jurisdicción exclusiva sobre ese territorio y sobre todas las personas naturales o extranjeras que se encuentren en él»?[26]

III.3. La capacidad y el libre consentimiento de las partes contratantes de acuerdo con la Convención Constituyente de 1901

El Derecho Internacional reconoce que la capacidad para celebrar tratados (*ius ad tractatum*) consiste en la aptitud general para concertar acuerdos internacionales y la potestad de convenir cualquier clase de ellos. Se suele hablar entonces de que se es capaz porque se posee personalidad jurídica internacional, es decir, porque se es sujeto del Derecho Internacional. Generalmente la competencia en el ejercicio de esta capacidad se ubica en los poderes ejecutivos, encargados de dirigir la política interna y externa del Estado. Pero no es un ejercicio de la capacidad librada a la suerte o a la connivencia de unos pocos; es una capacidad condicionada por el Derecho Interno de cada Estado, que, de acuerdo con la importancia o las posibles consecuencias de obligarse mediante un tratado, demarca la competencia para decidir la iniciación o participación en la negociación, los límites para pactar el contenido de las obligaciones convencionales, etc. Estas disposiciones descansan generalmente en la Constitución de la República, expresión suprema de la soberanía popular, que fija además como elemento imprescindible de la soberanía la extensión territorial del Estado, dimensión espacial que define los contornos para el ejercicio pleno y exclusivo de la jurisdicción y dominio del Estado.[27]

En este caso, la Enmienda Platt resultaba nula como apéndice a la Constitución, en primer término, por haber sido aprobada por una Convención que acordaba sobre una cuestión que excedía sus poderes y, por tanto, no contaba con mandato ni capacidad jurídica para limitar y restringir la soberanía territorial del pueblo cubano, delimitada en el artículo 2 de la Constitución de 1901: «Componen el territorio de la República, la Isla de Cuba, así como las islas, y cayos adyacentes que con ella estaban bajo la soberanía de España hasta la ratificación del Tratado de París de 10 de diciembre de 1898».

Recordemos que en las discusiones sobre el contenido de la Enmienda Platt, algunos convencionalistas opinaron que en la convocatoria no figuraban facultades para acordar los extremos que Estados Unidos solicitaba, y por tanto no estaba autorizada para limitar la independencia del país conforme a la orden que la creó, y que llevó a que el propio gobernador Wood tratara de zanjar estos inconvenientes mediante una orden militar, que otorgó facultades a la Convención para acordar los particulares respecto de los cuales esta dudaba tener atribuciones.

Se suma a ello, con evidencia suficiente y expuesta anteriormente, la coacción ejercida por el gobierno norteamericano sobre la Convención para incorporar dicho apéndice a la Constitución. Sobre este aspecto, varios instrumentos jurídicos internacionales y la propia práctica en el ámbito del Derecho Internacional reconocen como nulos los acuerdos relacionados con las relaciones entre los Estados donde estén presentes los vicios del consentimiento, es decir, que estén mediados por error, dolo, corrupción y coacción, de manera que se impida una expresión libre y espontánea de la voluntad. El propio Tribunal Permanente de Justicia Internacional, en el caso Lotus de fecha tan lejana como 1927, dejó sentado que el Derecho Internacional gobernaba las relaciones entre Estados independientes y que las reglas de Derecho que obligan a los Estados emanan de su propio y libre consentimiento, expresado en convenciones y por usos generalmente aceptados como expresión de principios de Derecho y establecidos para regular las relaciones entre estas comunidades independientes y coexistentes, con vistas al logro de sus propósitos comunes.[28]

La Convención de Viena de 1969 reconoce en sus artículos del 48 al 51 estos vicios del consentimiento en la formación de los tratados, luego de advertir «que los principios del libre consentimiento y de la buena fe y la norma *pacta sunt servanda* están universalmente reconocidos» y que las relaciones contractuales entre los Estados deben basarse en los principios de Derecho Internacional incorporados en la Carta de las Naciones Unidas, tales como los principios de la igualdad de derechos y de la libre determinación de los pueblos, de la igualdad soberana y la independencia de todos los Estados, de la no injerencia en los asuntos internos de los Estados, de la prohibición de la amenaza o el uso de la fuerza y del respeto universal a los derechos humanos y a las libertades fundamentales de todos y la efectividad de tales derechos y libertades.

Joseph C. Sweezy, al menos, no puede sustraerse de reconocer la nulidad de la Enmienda Platt impuesta en 1901, aunque yerra seguidamente, con total intención, al sostener que el arrendamiento acordado en 1903 y en 1934 fue realizado por un gobierno cubano con un control total (*full control*) de su tierra y su pueblo y no sujeto a ocupación por un ejército hostil.

Es preciso dejar fijado de inicio que, si se sostiene que la nulidad de la Enmienda Platt como apéndice estuvo viciada de coacción, el acuerdo que permitiría la instalación de la estación naval en territorio de Guantánamo en 1903 y 1934 se basó, en primer término, en la invalidez e inconstitucionalidad del apéndice de la Enmienda Platt, y por tanto tomó cuerpo y se apoya jurídicamente en un acuerdo anterior marcado por su nulidad absoluta, inexistente a los efectos jurídicos. Por otro lado, sostener que el arrendamiento acordado en 1903 y en 1934 fue realizado por un gobierno cubano con un control total (*full control*) de su tierra y su pueblo y no sujeto a ocupación por un ejército hostil, comporta, cuando menos, un desconocimiento total de la historia de Cuba y de sus relaciones con Estados Unidos, fijadas como puntos de partida, con demasiada elocuencia, en la mencionada Enmienda Platt.

En este período, el único control registrable lo constituyó el que ejerció Estados Unidos en la economía cubana, mediante la firma del Tratado de Reciprocidad Comercial suscrito el 11 de diciembre de 1902, y el manejo a su antojo de la política en este país con prácticas intervencionistas. ¿Qué hay de ese «control total» del gobierno cubano, por citar algún ejemplo, cuando el gobierno de Estados Unidos, en cumplimiento cabal de las estipulaciones de la Enmienda Platt, intervino en 1906 y abrió un nuevo período de ocupación militar del país, resultado de la llamada por la historiografía cubana como la «Guerrita de Agosto», que permitió que el propio secretario de Guerra, William

H. Taft, tomara posesión del cargo de gobernador provisional el día 29 de septiembre de 1906, con una extensión de dos años y cuatro meses? ¿De qué «control total» se habla en un país lastrado, desde entonces y durante toda la primera mitad del siglo XX, por la amenaza de intervención y por la creencia de una «minoría de edad» de los cubanos para manejar soberanamente sus asuntos interno, cuando toda la política doméstica y exterior del país pasaba por un examen de calificación por el gobierno de Estados Unidos?

Sin que considere necesario hacer más hincapié en este punto, repasaré con más detenimiento los hechos históricos que condujeron al Tratado de Relaciones entre Estados Unidos y Cuba en 1934, y la supuesta «convalidación» del tratado de 1903 en lo referido a la estación naval de Guantánamo.

IV. El Tratado de Relaciones entre Estados Unidos y Cuba de 1934 y la estación naval de Guantánamo. La «convalidación» de una nulidad

En los inicios de la década del veinte estalló una situación revolucionaria en Cuba de amplios sectores políticos y sociales contra el gobierno de Gerardo Machado. Restringiendo la existencia legal a tres partidos políticos —Liberal, Conservador y Popular Cubano—, en 1928 dicho gobierno impulsó una reforma a la Constitución de 1901, cuya Convención Constituyente elegida al efecto no se limitó a aprobar o desechar la reforma votada por el Congreso, según establecía el artículo 115 de la propia Constitución de 1901, sino que extendió sus facultades a alterar preceptos de esta propia ley de reforma en el sentido de prorrogar el período presidencial. Desde entonces la situación política se agravó con el fortalecimiento de poderosas fuerzas sociales y políticas en su lucha contra esta dictadura. Coincidió esta situación con la elección del candidato del Partido Demócrata, Franklin Delano Roosevelt, como presidente de Estados Unidos, y en medio de una fuerte crisis económica mundial, que tuvo un impacto directo en la economía cubana. El nuevo rostro de la política exterior norteamericana hacia Latinoamérica consistiría en pregonar relaciones políticas como «buenos vecinos», una estrategia que en realidad no renunciaría al intervencionismo en la soberanía de los Estados del continente.

Con mención expresa al derecho que le concedía la Enmienda Platt, la situación revolucionaria descrita en Cuba impulsó al nuevo gobierno a una política de mediación para una transición política sin grandes costos para Estados Unidos, y que no desbordara su control. Para tal encomienda fue designado Benjamin Sumner Welles como embajador norteamericano en Cuba, cuya actividad francamente intervencionista, junto a la de su sucesor, Jefferson Caffery, llena varias páginas en la historia de Cuba y de fuera de Cuba.

En 1933, la situación política impuso que Machado abandonara el poder. Para ello, dentro de los procedimientos propios de la Constitución de 1901, reformada en 1928, se pretendió implantar el nuevo régimen en 1933, en sustitución al de Gerardo Machado.[29] La Constitución establecía la sustitución presidencial por el secretario de Estado o por el secretario que le siguiese en turno, en caso de ausencia temporal o definitiva del presidente, con distintas previsiones para cada caso. De este modo, Gerardo Machado, ya derrocado y de acuerdo con el artículo 69, pidió licencia al Congreso para ausentarse del territorio de la nación. Concedida esta, los secretarios renunciaron, excepto el secretario de Guerra, el general Herrera, quien como presidente nombró secretario de Estado al doctor Céspedes, con la finalidad de que este pudiese horas después tomar posesión del cargo de Presidente de Cuba. Ello exigió derogar por el Congreso el artículo XVII de la Ley del 11 de julio de 1928, modificativo del artículo VIII de la Ley Orgánica del Poder Ejecutivo, que prohibía, entre otros casos, la sucesión presidencial por secretarios que no tuviesen por lo menos treinta días hábiles en el cargo. Cumplida esta tarea, el doctor Carlos Manuel de Céspedes tomó posesión del cargo, prestó juramento ante el Tribunal Supremo, de acuerdo con la Constitución de 1928, a la vez que se nombraron nuevos secretarios y se aceptó la renuncia del secretario de Guerra y Marina, el general Herrera.

El problema institucional generado por tal situación, sobre todo por la imposibilidad de reunirse el Congreso ante la ausencia de la mayoría de sus miembros, originó que se dictara el 24 de agosto de 1933 el Decreto No. 1298, el cual reestablecía la Constitución de 1901. Con ello se consumó un «golpe de Estado» supervisado y con la mano directa del representante norteamericano en la Isla para librarse de Machado y sin que la situación se saliera de control. Mediante un simple decreto, y apartándose de los procedimientos de reformas establecidos, se anularon los artículos de la reforma de 1928, se disolvió el Congreso, se dio por terminado el mandato del presidente Machado, se declararon vacantes los cargos de Magistrados del Tribunal Supremo provistos con posterioridad al 20 de mayo de 1929, se declararon terminados los mandatos de los funcionarios de elección popular —aunque no podían abandonar sus funciones hasta ser reemplazados—, se fijó la fecha de las elecciones para el 24 de febrero de 1934 y la toma de posesión del gobierno electo para el 20 de mayo de 1934, así como se creó la Comisión Consultiva y se hizo la declaración de respeto a las obligaciones internacionales, aunque fuesen posteriores al 20 de mayo de 1929.[30] Como escribiera Enrique Hernández Corujo: «Se abrió con ese Decreto, como decimos en nuestro Derecho Constitucional Cubano, en preparación, un interregno constitucional, un paréntesis anormal en la historia constitucional de Cuba, que solo podía cerrarse cuando en el futuro se dictase normalmente por la representación normal del pueblo una nueva Carta Constitucional».[31]

Sin embargo, el Tribunal Supremo de Cuba vendría a legitimar el golpe. No solo argumentaría después que toda «revolución» generaba su propio derecho, sino que en la sentencia de inconstitucionalidad número 39 del 16 de noviembre de 1934 declaró con fuerza de ley los decretos del presidente Céspedes, en aquellos casos en que se necesitaran leyes, por estar vinculados los poderes ejecutivo y legislativo en el presidente de la República.

No lejano en el tiempo, el 4 de septiembre de 1933 se produjo el derrocamiento de Céspedes, con la instauración del Gobierno de la Pentarquía. En este período Cuba transitaría sin Constitución. Incluso el Tribunal Supremo argumentó que todas las facultades ejecutivas y legislativas estaban en el Gobierno de la Pentarquía. La discusión entonces versó sobre si la Constitución de 1901, puesta en vigor por Céspedes, se había ratificado o había una derogación tácita. Varias sentencias del Tribunal Supremo consideraron que se había barrido con el régimen constitucional existente y, apelándose a lo que se conocía como la doctrina de la «desconstitucionalización», argumentaron que, al caer una Constitución por un golpe de Estado o una revolución, quedaban en pie las leyes ordinarias que no se opusieran al nuevo sistema.[32]

Por su parte, el 10 de septiembre de 1933 los poderes del Gobierno pasaron a un presidente, electo entre los componentes del Gobierno de la Pentarquía, que se hizo acompañar de secretarios del Despacho. El 14 de septiembre el presidente Ramón Grau San Martín promulgó unos estatutos, que el propio Tribunal Supremo de Cuba consideraría que no eran una Constitución: «Si no fueron Constitución [expresaría Hernández Corujo], los Estatutos sí fueron, sin la fuerza de aquella, normas autolimitativas, que el Gobierno quiso darse, como los anteriores lo hicieron».[33]

Este período se reconocería por una amplia e importante labor legislativa progresista en materia de derechos de los trabajadores y en beneficio del pueblo, cuya cabeza y principal impulsor lo fue el secretario de Gobernación, Antonio Guiteras Holmes. Ante esta situación de anormalidad institucional, se dispuso por el Decreto

No. 13 del 2 de enero de 1934 una convocatoria para celebrar una asamblea constituyente y una organización electoral para dotar a Cuba de una Constitución.

No obstante, las reformas de corte social emprendidas por el secretario de Gobernación en el gobierno de Grau, en franca actitud antimperialista, hicieron que el plan transicional de Estados Unidos peligrara. Fue entonces que el embajador que sucedió a Weller —quien como subsecretario de Estado seguiría orquestando desde Washington toda la trama—, Jefferson Caffery, tuvo la encomienda de acercarse al coronel Fulgencio Batista, quien fungía como Jefe de Ejército, para que derrocara al Gobierno. Esta situación hizo que sobreviniera un nuevo golpe de Estado, una vez más con la intervención y el apoyo del gobierno de Estados Unidos. Carlos Hevia, quien duraría muy poco en el cargo, tomó posesión jurando los estatutos dictados por Grau, quien le hizo entrega de la presidencia el 15 de enero de 1934 y, con la anuencia de Caffery y Batista, el 18 de enero de 1934 asumió la presidencia de la República el gobierno del coronel Carlos Mendieta, previa interinatura de Manuel Márquez Sterling.

Con ello, se volvió a instaurar un régimen de facto que gobernó sin Constitución, con la particularidad de que no se ratificaron los estatutos de Grau ni expresa ni tácitamente. Los poderes ejecutivo y legislativo estaban en el presidente de la República. Muy pronto el Decreto No. 229 del 20 de enero de 1934 suspendió la ejecución del Decreto No. 13 del 2 de enero del propio año, que convocaba a elecciones el 22 de abril, y consecuentemente el día 3 de febrero de 1934 el gobierno de Mendieta dictó una Ley Constitucional de la República, sometida a varias reformas ese mismo año, y que en algunos puntos guardó similitud con la Constitución de 1901. En este texto, el poder quedó ejercido por el presidente de la República, un Consejo de Secretarios, un Consejo de Estado, un Poder Judicial y organismos y otras autoridades establecidas en la legislación. Cualquier acuerdo tomado por el gobierno de facto en Cuba no tendría que someterse al escrutinio público, incluso si laceraba cuestiones tan importantes como la soberanía territorial.

Las consecuencias para la historia de Cuba de estos acontecimientos, conocidos como el régimen Caffery-Batista-Mendieta, fueron nefastas. No solo se permitió que continuas élites se disputaran el poder en Cuba sin sujeción alguna al mandato soberano del pueblo, sino que se puso de rodillas a la economía cubana ante las empresas norteamericanas, que pretendieron monopolizar todas las actividades productivas y asegurarse un territorio con facilidades y sin restricciones para sus actividades de explotación capitalistas. Numerosos autores de Derecho Internacional Público se refirieron desde entonces a las características que revestía la intervención de un Estado en los asuntos de otros. El propio Antonio Sánchez de Bustamante y Sirvén, quien fuera profesor de Derecho Privado y Derecho Público en la Universidad de La Habana y Magistrado del Tribunal Permanente de Justicia Internacional, además de Miembro del Instituto de Derecho Internacional y del Instituto Americano de Derecho Internacional, defensor en su momento del intervencionismo norteamericano en Cuba, consideró desde el punto de vista del Derecho Internacional la intervención

> como la imposición de la voluntad extranjera a la voluntad nacional en asuntos o materias que corresponden o se derivan de los derechos fundamentales de las personas jurídicas internacionales. Importa poco el origen de la intervención aunque sea convencional, y tampoco importa para calificarla su forma, que puede ser ya diplomática, con la coacción detrás, o ya coactiva dentro

del territorio del intervenido o en sus intereses fundamentales de orden mercantil o de cualquier clase.[34]

Esta situación posibilitó condiciones excepcionales para «revisar» jurídicamente dos problemas pendientes en las relaciones de Cuba con Estados Unidos: un nuevo Tratado de Relaciones y un nuevo Tratado de Reciprocidad Comercial. En el caso del primero, el lanzamiento mencionado de una política de «buen vecino» para América Latina tenía como antecedente una creciente tendencia en estas propias tierras a rechazar el abierto intervencionismo norteamericano, que en el propio caso de Cuba justificaba una reformulación del Tratado de Relaciones establecido en 1903, en virtud de la Enmienda Platt.

Un acontecimiento de suma importancia para el replanteo del primer punto lo constituyó el enorme rechazo a las prácticas intervencionistas en el continente que en los finales de 1933, en el marco de la Séptima Conferencia Internacional Americana, había aprobado una Convención sobre Derechos y Deberes de los Estados, que en lo fundamental establecía lo siguiente:

> Artículo 3. La existencia política del Estado es independiente de su reconocimiento por los demás Estados. Aun antes de reconocido el Estado tiene el derecho de defender su integridad e independencia, proveer a su conservación y prosperidad y, por consiguiente, de organizarse como mejor lo entendiere, legislar sobre sus intereses, administrar sus servicios y determinar la jurisdicción y competencia de sus tribunales.
>
> El ejercicio de estos derechos no tiene otros límites que el ejercicio de los derechos de otros Estados conforme al Derecho Internacional.
>
> Artículo 8. Ningún Estado tiene el derecho de intervenir en los asuntos internos ni en los externos de otro.

Artículo 11. Los Estados contratantes consagran en definitiva como norma de conducta la obligación precisa de no reconocer las adquisiciones territoriales o de ventajas especiales que se realicen por la fuerza, ya sea que esta consista en el uso de las armas, en representaciones diplomáticas conminatorias o en cualquier otro medio de coacción efectiva. El territorio de los Estados es inviolable y no puede ser objeto de ocupaciones militares ni de otras medidas de fuerza impuestas por otro Estado, ni directa ni indirectamente, ni por motivo alguno, ni aun de manera temporal.[35]

La Delegación de Estados Unidos, con el conocimiento de que el tema de la Enmienda Platt estaba en el ánimo de las discusiones, al firmar esta Convención lo hizo con una reserva expresa que presentó ante la Sesión Plenaria de la Conferencia, el 22 de diciembre de 1933. Por la importancia que reviste para el objeto de este análisis estimo prudente reproducir íntegramente la opinión de la delegación norteamericana para expresar su reserva:

> La política y actitud del gobierno de los Estados Unidos en todas y cada una de las fases importantes de las relaciones internacionales en este hemisferio difícilmente podrían hacerse más claras y definidas de lo que ya han sido, tanto de palabras como de hecho, especialmente desde el 4 de marzo. Por lo tanto no es mi ánimo hacer una repetición o reseña de tales actos y manifestaciones, y no lo haré. Cualquier observador debe a estas horas comprender perfectamente que bajo el régimen del Presidente Roosevelt el gobierno de Estados Unidos se opone, tanto como cualquier otro gobierno, a toda injerencia en la libertad, la soberanía u en otros asuntos internos o procedimientos de los gobiernos de otras naciones.
>
> Además de sus muchos actos y declaraciones relacionadas con la aplicación de estas doctrinas y políticas, el Presidente Roosevelt, durante las últimas semanas, manifestó públicamente su

voluntad de entrar en negociaciones con el gobierno cubano a fin de considerar el tratado que ha estado en vigor desde 1903. Creo, pues, estar en lo cierto al decir que con nuestro apoyo al principio general de la no intervención, conforme ha sido pospuesto, ningún gobierno necesita abrigar temores de una intervención de Estados Unidos durante el Gobierno del Presidente Roosevelt. Estimo infortunado el que, durante la breve duración de esta Conferencia, al parecer no se dispone de tiempo suficiente para elaborar interpretaciones y definiciones de aquellos términos fundamentales consignados en la ponencia. Tales definiciones e interpretaciones permitirían que cada gobierno procediera de manera uniforme, sin ninguna diferencia de opiniones o de interpretaciones. Espero que, a la brevedad posible, se realizará tan importantísimo trabajo. Entretanto, y en el caso de que haya diferencia de interpretación y, asimismo, mientras es posible elaborar y codificar las doctrinas y principios propuestos, para uso común de todos los gobiernos, deseo manifestar que en todos sus contactos, relaciones y conducta internacionales, el Gobierno de los Estados Unidos seguirá escrupulosamente las doctrinas y políticas que ha perseguido desde el 4 de marzo, consignados en los diversos discursos pronunciados por el presidente Roosevelt desde entonces, en el reciente discurso pacifista que pronuncié el 15 de diciembre ante esta Conferencia y en el Derecho de Gentes, tal como se le reconoce y acepta generalmente.[36]

En este ambiente, y con la situación de Cuba, se procedió a la firma de los nuevos tratados entre Cuba y Estados Unidos. Con las facultades otorgadas a Mendieta como presidente provisional por la Ley Constitucional de 1934 —que establecía entre sus facultades en el apartado cuarto del artículo 49 «dirigir las negociaciones diplomáticas y celebrar tratados con las otras naciones, debiendo someterlos a la aprobación del Consejo de Secretarios, sin cuyo requisito no tendrán validez ni obligarán a la República»—[37] se firmó el Tratado de Relaciones entre la República de Cuba y Estados Unidos, en

Washington, el 29 de mayo de 1934. El tratado sería ratificado por el Senado de Estados Unidos el 31 de mayo de 1934, y aprobado por el Consejo de Secretarios de Cuba por unanimidad el día 4 de junio del mismo año, y en dicha fecha ratificada por el presidente provisional. El referido tratado se atiene a consignar lo siguiente:

> La República de Cuba y los Estados Unidos de América, animados por el deseo de fortalecer los lazos de amistad entre los dos países y de modificar con ese fin las relaciones establecidas entre ellos por el Tratado de Relaciones firmado en La Habana el 22 de mayo de 1903, han nombrado con ese propósito, como sus plenipotenciarios:
>
> Artículo I. El Tratado de Relaciones que se concluyó entre las dos partes contratantes el 22 de mayo de 1903 dejará de tener validez, y queda abrogado, desde la fecha en que comience a regir el presente Tratado.
>
> Artículo II. Todos los actos realizados en Cuba por los Estados Unidos de América durante su ocupación militar de la Isla, hasta el 20 de mayo del 1902, fecha en que se estableció la República de Cuba, han sido ratificados y tenidos como válidos, y todos los derechos legalmente adquiridos a virtud de esos actos serán mantenidos y protegidos.
>
> Artículo III. En tanto las dos partes contratantes no se pongan de acuerdo para la modificación o abrogación de las estipulaciones del Convenio firmado por el Presidente de la República de Cuba el 16 de febrero de 1903, y por el Presidente de los Estados Unidos de América el 23 del mismo mes y año, en cuanto al arrendamiento a los Estados Unidos de América de terrenos en Cuba para estaciones carboneras o navales, seguirán en vigor las estipulaciones de ese Convenio, en cuanto a la Estación Naval de Guantánamo. Respecto a esa estación naval seguirán también en vigor en la misma forma y condiciones el arreglo suplementario

referente a estaciones navales o carboneros terminado entre los dos gobiernos el 2 de julio de 1903. Mientras no se abandone por parte de los Estados Unidos de América la dicha Estación Naval de Guantánamo o mientras los dos Gobiernos no acuerden una modificación de sus límites actuales, seguirá teniendo la extensión territorial que ahora ocupa, con los límites que tiene en la fecha de la firma del presente Tratado.

Artículo IV. Si en cualquier tiempo surgiese en el futuro una situación que apareciera presagiar un brote de enfermedad contagiosa en el territorio de una u otra de las dos partes contratantes, cualquiera de los dos Gobiernos, para su propia protección, y sin que su acto sea considerado poco amistoso, ejerza libremente y a su discreción el derecho de suspender las comunicaciones entre los puertos suyos que designe y todo o parte del territorio de la otra parte y por el tiempo que estime conveniente.[38]

IV.1. La «convalidación» de una nulidad y la violación del Derecho Interno establecido en la Constitución de 1901

Ya de alguna manera he adelantado que si el tratado de 1934 contempló para la estación naval de Guantánamo que seguirían las estipulaciones del convenio de 1903, y por tanto «en vigor en la misma firma y condiciones el arreglo suplementario referente a estaciones navales o carboneros terminados entre los gobiernos el 2 de julio de 1903», resulta inválido de plano pretender «tener en vigor» algún convenio entre Estados que adolezca de nulidad absoluta, imposible de ser sanado o de volver a ser válido con posterioridad. Hablo de un tratado que toma como fundamento un acuerdo anterior que adolece de nulidad, y que por tanto informa de su nulidad a todo acto posterior que pretenda ampararse en él.

En segundo término, tenemos que entre las causas de nulidad de los tratados se ubica aquella que radica en la incompetencia para expresar la voluntad, por manifestarse una violación de las disposiciones de Derecho Interno concernientes a la competencia para celebrar el tratado. De acuerdo con D'Estéfano, la doctrina ha mantenido una diversidad de posiciones respecto a los efectos de la validez internacional de los tratados en relación con el Derecho Interno —algunos defienden la primacía del Derecho Internacional y otros reconocen la supremacía de las normas constitucionales de cada Estado—.[39] Por otro lado, un tratado se reputa inválido cuando el que lo consiente se excede en los poderes que le corresponde, según el Derecho Interno de cada Estado, tesis plasmada en el artículo primero del convenio sobre los tratados firmados en la Conferencia Panamericana del 20 de febrero de 1928. La Convención de Viena de 1969, fundamentalmente en sus artículos 46 y 47, toma una posición ecléctica. Parte de la validez internacional del tratado y sostiene que para que una violación de las disposiciones de Derecho Interno sea relevante a efectos de nulidad deben existir tres requisitos: 1) que afecte normas de Derecho Interno de importancia fundamental —la Constitución, leyes, etc.—; 2) que las normas conciernan a la competencia para celebrar tratados; y 3) que la violación del Derecho Interno sea manifiesta, evidente para todos.[40]

Para algunos autores las normas internas a tener en cuenta son las vigentes al concluirse el tratado, con independencia de su origen y legitimidad.[41] Si se tiene como competente para celebrar tratados a aquel Gobierno que en violación del Derecho Interno —la Constitución y la Ley— impone un régimen de facto, y con ello intenta legitimar sus actos al amparo de una Ley inconstitucional, con respecto a una Constitución nacida de la voluntad de un pueblo, entonces no estoy de acuerdo en que ese sea el ánimo y el espíritu que animan los principios y reglas reguladores de las relaciones entre Estados.

¿Puede considerarse válido y ajustado al espíritu de la Carta de las Naciones Unidas y del respeto a la soberanía y autodeterminación de los pueblos que la inspira que el Derecho Internacional reconozca como competente para expresar la voluntad de un Estado a un grupo de personas que toman el poder mediante un golpe de Estado con apoyo de un gobierno extranjero, rompen con un régimen constitucional por la fuerza y, pasando por encima de todo control y mandato, sin legitimidad democrática alguna, obligan a todo un Estado mediante un tratado a soportar una carga tan pesada como renunciar a un pedazo de su soberanía territorial, en beneficio de ese propio Estado interventor?

La Enmienda Platt y los tratados que se originaron después de su incorporación al Texto de 1901 no solo resultaron inconstitucionales y nulos desde el Derecho Internacional —cuando se limitaba con ellos el artículo 2 de la Constitución de 1901, que establecía: «Componen el territorio de la República, la Isla de Cuba, así como las islas, y cayos adyacentes que con ella estaban bajo la soberanía de España hasta la ratificación del Tratado de París de 10 de diciembre de 1898»—, sino que el nuevo tratado de 1934, mediante el cual se volvía a ceder «la jurisdicción y el señorío» de un pedazo del territorio nacional, y por tanto atentaba contra el mencionado artículo 2 de la Constitución, resultaba a todas luces fruto de un período de inconstitucionalidad, matizado por reformas y leyes violatorias de los procedimientos jurídicos establecidos en la Constitución de 1901, en cuyo artículo 115 se establecía que: «La Constitución no podrá reformarse total ni parcialmente, sino por acuerdo de las dos terceras partes del número total de los miembros de cada Cuerpo Colegislador». Y que «Seis meses después de acordada la reforma, se procederá a convocar una Convención Constituyente, que se limitará a aprobar o desechar la reforma votada por los Cuerpos Colegisladores; los cuales continuarán en el ejercicio de sus funciones con entera independencia de la Convención». Así como que «Los delegados a dicha Convención serán elegidos por provincias, en la proporción de uno por cada cincuenta mil habitantes, y en la forma que establezcan las leyes».

El tratado de 1934 nació así de un gobierno ilegítimo para expresar la verdadera voluntad del pueblo cubano, y violatorio del

Derecho Interno fijado en la Constitución de 1901, que se arrojó el derecho de «ratificar» y «tener como válido» todos los actos realizados en Cuba por Estados Unidos durante su ocupación hasta el 20 de mayo de 1902, así como «mantener» y «proteger» los derechos «legalmente» adquiridos a virtud de esos actos. Si este propio tratado pretendió «ratificar» y «tener como válido» estos actos era en todo caso el pueblo de Cuba quien debía pronunciarse mediante una Asamblea Constituyente, con los poderes especiales y facultades otorgadas para ello, si consentía en limitar su soberanía territorial. No podía ser la decisión, insisto, de un gobierno nacido de un golpe de Estado, sin legitimidad democrática alguna para decidir en este sentido. Los golpes de Estado sucesivos privaron de legitimidad material y formal para que dichos gobiernos representaran a Cuba en la firma de tratado alguno con otros Estados, y mucho menos si estos concernían a la soberanía territorial.

Por tanto, no solo se violentó la Constitución de 1901, con el apéndice que servía de base constitucional para el Tratado Permanente de 1903, y que resultó a la luz del Derecho Interno expresado en la Constitución como inconstitucional, y por tanto nulo desde el Derecho Internacional, sino que no pudo el pueblo pronunciarse nunca más, hasta 1940, sobre la Constitución que quería y los límites al poder político que establecería, las facultades que otorgaría, el alcance de la potestad para negociar derechos inherentes al pueblo y la extensión real de esa soberanía que la propia Constitución establecía como su patrimonio exclusivo. Por tal razón en el artículo 3 de la Constitución de 1940, nacida de una Convención Constituyente representada por los sectores políticos y sociales más diversos de la sociedad cubana, cuando se establecieron los límites territoriales de la República de Cuba, se dejó claro en su segundo párrafo: «La República no concertará ni ratificará pactos o tratados que en forma alguna limiten o menoscaben la soberanía nacional o la integridad del territorio». De esta forma, y con total intención, se recoge en el texto constitucional cubano vigente de 1976, y reformado en 1992, que establece en su artículo 11, inciso C, párrafo segundo: «La República de Cuba repudia y considera ilegales y nulos los tratados, pactos o concesiones concertados en condiciones de desigualdad o que desconocen o disminuyen su soberanía y su integridad territorial».

V. La cláusula *rebus sic stantibus*

En caso de que supongamos que las causas de nulidad anteriormente referidas no existan, y se suponga plenamente válido y eficaz el contrato de arrendamiento perpetuo, la propia Convención de Viena contempla entre las causas extrínsecas de terminación o suspensión de los tratados el *cambio fundamental en las circunstancias* o cláusula *rebus sic stantibus*, que implica la revisión de un tratado por tiempo indefinido cuando han cambiado fundamentalmente las circunstancias que le dieron vida jurídica.[42] La cláusula lleva a que se encarne la consideración universal de que los tratados sin término contienen una condición tácita, es decir, durarán mientras duren las circunstancias, y por tanto en cualquier momento que se provoca este cambio en las en que estas cambien se origina un efecto extintivo en relación a lo pactado. De manera que el principio *pacta sunt servanda* obliga a las partes en tanto se cumplan los requisitos esenciales de este.

Esta posibilidad se recoge con un carácter excepcional en la Convención, que exige que afecte circunstancias existentes en el momento de la celebración del tratado, sean fácticas o jurídicas —del Derecho Internacional—; que la existencia de tales circunstancias hubiesen constituido base esencial del consentimiento de las partes en obligarse, de modo que de no haber existido el tratado no se hubiera concluido; que el cambio de las circunstancias no fuera previsto por las partes en el momento de la celebración del tratado; y que el cambio sea fundamental, modificándose radicalmente como consecuencia del mismo el alcance de las obligaciones que todavía deban cumplirse en virtud del tratado —artículo 62.1b) de la Convención.[43]

El triunfo revolucionario de 1959 constituyó un punto de giro histórico que incidió con el devenir de los años en un cambio fundamental de las circunstancias que le dieron vida jurídica al tratado de 1934. La variación de la causa de los tratados, que análogo a las reglas del Derecho Civil se erige en un elemento del tratado, no consiste solamente en este caso, como sostiene Joseph C. Sweeney, en el cambio de Guantánamo de una «estación carbonera» (*coaling station*) a una «base naval multipropósito» (*multi-purpose naval base*), sino que, como expresara el gran catedrático español de Derecho Civil y Magistrado del Tribunal Supremo, José Castán Tobeñas, la causa se constituye en el motivo y el fin que presupone la declaración de voluntad en que consisten tales acuerdos.[44] En este caso puntual —y conociendo la falsedad de estos pronunciamientos—, el artículo VII de la Enmienda Platt se concentró en destacar que se hacía «para poner en condiciones a los Estados Unidos de mantener la independencia de Cuba y proteger al pueblo de la misma, así como para su propia defensa», y en el Preámbulo del tratado de 1934, «animados por el deseo de fortalecer los lazos de amistad entre los dos países y de modificar con ese fin las relaciones establecidas entre ellos por el Tratado de Relaciones firmado en La Habana el 22 de mayo de 1903».

El rompimiento de relaciones diplomáticas entre Estados Unidos y Cuba en 1959, la instauración de un bloqueo económico y financiero sobre la Isla, las innumerables acciones armadas contra Cuba y la utilización de esta propia estación naval para planes agresivos contra el resto del territorio nacional, o su conversión en un repudiado campo de prisioneros —que justifica Joseph C. Sweeney, cuando reconoce que si bien una prisión militar no es necesariamente una función de una estación naval, la prisión naval (*naval brig*) para una pena de corta duración está incluida en todas las estaciones navales—, llevó a que muchas de las obligaciones pactadas en estos acuerdos no se cumplieran y constituyeran cambios fundamentales de las circunstancias, que desmontan como causa del contrato el fundamento de «fortalecer los lazos de amistad», o mantener la independencia de Cuba, y volvieron insostenibles los soportes fácticos y jurídicos para su mantenimiento.

Para finalizar, podríamos preguntarnos igual que Fernando Álvarez Tabío: «¿podría negarse el derecho de Cuba a pedir la revisión del contrato de arrendamiento a perpetuidad en que se ampara el Gobierno Norteamericano para disfrutar de ella con fines imperialistas, en contra de la buena fe, de la equidad, de la equivalencia en las prestaciones y de los más elementales principios de igualdad, reciprocidad, autodeterminación, integridad del territorio nacional y de coexistencia pacífica?».[45] La ilegalidad de la estación naval en la bahía de Guantánamo, tantas veces alegada por Cuba, no es una consigna hueca y manipulada, sino que goza de respaldo jurídico.

Impactos de la base naval de Estados Unidos en la bahía de Guantánamo

René González Barrios

Huellas profundas han dejado las bases militares estadounidenses en el mundo y muy especialmente en nuestra América. Las huellas han sido para mal, pues han estado vinculadas a intervenciones militares, violación de la soberanía de nuestras naciones, atropellos a nuestros pueblos, crímenes y asesinatos, siempre impunes. De ello pueden hablar con amplitud y segura indignación los panameños, nuestros hermanos boricuas, hondureños, ecuatorianos, dominicanos, haitianos. Cuba lleva sobre sus hombros el pesado fardo de la base naval de Guantánamo desde el 10 de diciembre de 1903, fecha en que esta quedó operacional; un legado histórico válido para analizar la filosofía del despojo yanqui desde la irrupción del imperialismo como potencia mundial en 1898.

    La existencia de las bases militares de Estados Unidos de América en el exterior se establece según lo regulan dos documentos doctrinarios: la «Estrategia de seguridad nacional» y la «Postura de defensa global». La estrategia cambia con cada administración y las posturas solo han cambiado en tres ocasiones a lo largo de la historia:

1. De 1783 a 1890, conceptualizada como la «Era continental». Estados Unidos la llamó «postura naval expedicionaria».

2. De 1890 a 1946, en la «Era oceánica», Estados Unidos asumió la «postura del servicio expedicionario», que incluyó por primera vez la creación de las bases militares en el exterior.

3. De 1947 a 1989, el período de la Guerra Fría, que se llamó «Era transoceánica», y es cuando Estados Unidos adoptó la «postura de las guarniciones», incrementando las bases militares y el volumen de fuerzas desplegadas en el exterior.

Resultado del rechazo que provoca la presencia norteamericana en el exterior, Estados Unidos modificó los acuerdos de arrendamiento de sus instalaciones y mantiene en la actualidad una presencia militar limitada en gran parte de estas. En 2008, el Departamento de Defensa redefinió los tipos de instalaciones militares en el exterior y las clasificó en:

- Bases operativas principales (MOB): tienen fuerzas desplegadas permanentemente, infraestructuras desarrolladas, instalaciones de apoyo y sistemas de mando y control integrado. Por ejemplo, son las ubicadas en Alemania, Japón y Corea del Sur.

- Sitios operativos avanzados (FOS): son llamadas «instalaciones calientes», con presencia militar de apoyo limitada, preferentemente rotacionales. Están preparadas para, en breves plazos, apoyar operaciones de mayor envergadura. Entre ellas está la base aérea de Soto Cano, en Honduras, y la base naval de Estados Unidos en la bahía de Guantánamo.

- Ubicaciones de seguridad cooperativa (CSL): tienen poca o ninguna presencia militar de Estados Unidos, y son mantenidas fundamentalmente con contratistas o fuerzas de la nación anfitriona. Por ejemplo, serían Hato, en Curazao; o Dakar, en Senegal.

El «Informe de estructuras y bases militares» del Departamento de Defensa de Estados Unidos correspondiente al año fiscal 2012 declaró que el país poseía unas 666 instalaciones militares en 40 países, cifra que representa el 13% de todas sus instalaciones. En relación con el informe de 2008, se redujeron 199 instalaciones en el exterior, lo que se corresponde fundamentalmente con el retiro de sus fuerzas de Iraq. Según el citado informe de 2012, el costo total del mantenimiento de las bases en el exterior para ese año fiscal era de $148 604 millones, equivalente al 22,5% del presupuesto de Defensa.

Estados Unidos tenía en el exterior, para esa fecha, 21 grandes bases, 18 medianas, 571 pequeñas y 56 categorizadas como otras instalaciones. La de Guantánamo es considerada base grande, por su costo anual de $3 312 millones; de ellos, $40 200 millones para el Centro de Detención de la «guerra contra el terrorismo».

El despliegue de pequeñas bases como los sitios de operaciones avanzadas y las ubicaciones de seguridad cooperativa permiten hoy al gobierno de Estados Unidos reducir costos y reorientar los gastos hacia las áreas geográficas de mayor interés geoestratégico. Los principales costos se concentran en las bases de los comandos de Europa, Pacífico y Central.

Prevalece en la actualidad una tendencia a reemplazar las grandes bases militares por instalaciones más pequeñas, apropiadas para entrenar a las fuerzas militares y de seguridad de las naciones donde están enclavadas y apoyar las misiones y operaciones públicas que cumple Estados Unidos en la región. Las más recientes denominaciones para sus nuevas instalaciones en el exterior las clasifican como:

- Centro de entrenamiento para personal de operaciones de paz en zonas urbanas: dan albergue a las unidades para operaciones militares en terreno urbano (MOUT).

- Centros de operaciones de emergencia regional (COER).

En América Latina la presencia militar de Estados Unidos y la OTAN queda diseminada hoy en instalaciones militares en Argentina, Aruba, Belice, Colombia, Costa Rica, Curazao, Chile, Guadalupe, Guatemala, Guyana Francesa, Haití, Honduras, Martinica, México, Nicaragua, Panamá, Paraguay, Perú, República Dominicana, El Salvador, Islas Turcas y Caicos, Bermudas y Bahamas, y Guantánamo, en Cuba,

La bahía de Guantánamo fue descubierta por el almirante Cristóbal Colón el 30 de abril de 1494, durante su segundo viaje a América. En 1741, el almirante inglés Edgard Vermont, con 9 395 hombres, la ocupó y estableció en ella un enclave militar que bautizó como bahía de Cumberland e inmediatamente comenzó la construcción de fortificaciones. Españoles y criollos derrotaron a los invasores británicos, en 1742.

El 27 de abril de 1898, la artillería naval norteamericana cruzaba fuego con las posiciones españolas en la bahía de Guantánamo. El 15 de junio informaban al secretario de Guerra la victoria alcanzada sobre las fuerzas españolas. Desde allí desplegaron tropas y recursos para atacar Santiago de Cuba e invadir después la isla de Puerto Rico.

Tras la intervención norteamericana en la guerra de Cuba, la frustración de la independencia y el establecimiento de dos gobiernos militares de ocupación, vendría la imposición a la Constitución aprobada por los cubanos de la Enmienda Platt como condición al establecimiento de la República. En su artículo siete establecía:

> para poner a los Estados Unidos en condiciones de mantener la independencia de Cuba y proteger al pueblo de la misma, así como para su propia defensa, el Gobierno de Cuba venderá o arrendará a los Estados Unidos las tierras necesarias para carboneras o estaciones navales, en ciertos puntos determinados que se convendrán con el Gobierno de los Estados Unidos.

El senador Orville H. Platt, su autor, llegó a manifestar que, si los cubanos no aceptaban completamente la Enmienda, «de inmediato ocuparemos la isla hasta que lo hagan». Por su parte, el general Leonard Wood, gobernador militar de la Isla, añadió una vez aprobada la misma: «Queda, por supuesto, muy poca o ninguna independencia real a Cuba bajo la Enmienda Platt».

La idea inicial del gobierno de Estados Unidos en 1903 era establecer dos bases al norte de la Isla: Nipe y Bahía Honda, y dos al sur: Guantánamo y Cienfuegos. Se decidieron por Guantánamo y Bahía Honda.

El 16 de febrero de 1903 en La Habana, y el 23 del propio mes en Washington, fue firmado el acuerdo para el arriendo de los terrenos de Guantánamo y Bahía Honda. El 22 de mayo fue sancionado el Tratado Permanente en el cual se incluía íntegramente el artículo VII de la Enmienda Platt. El 10 de diciembre, Estados Unidos ocupó oficialmente, con una ceremonia, el territorio de la bahía de Guantánamo como base carbonera. El convenio sobre los terrenos de Bahía Honda fue rescindido en diciembre de 1912 con la finalidad de ampliar el área arrendada en Guantánamo.

La Enmienda Platt estuvo vigente hasta el 29 de mayo de 1934. La presión popular obligó al imperio a derogarla, pero quedaron en pie los artículos relacionados con las bases navales y carboneras, enmascarados dentro del nuevo Tratado de Relaciones entre Cuba y Estados Unidos. Según la potencia del Norte, su eliminación afectaría la estabilidad militar en el Caribe, las Antillas y el Canal de Panamá. El Tratado de Relaciones disponía en su artículo tercero: «Mientras no se abandone por parte de Estados Unidos de América la dicha estación naval de Guantánamo o mientras los dos gobiernos no acuerden una modificación de sus límites actuales, seguirá teniendo la extensión territorial que ahora ocupa, con los límites que tiene en la fecha de la firma del presente Tratado».

Al triunfar la Revolución, el 1ro. de enero de 1959, la base naval de Estados Unidos en la bahía de Guantánamo ocupaba una extensión —la que mantiene— de 117,6 km². De ellos: 49,4 (42%) son de terreno firme, 38,8 (33%) de agua y 29,4 (25%) de pantanos. La línea de costa limítrofe al mar Caribe posee 17,5 km.

Desde el 10 de diciembre de 1903 y hasta el 1ro. de abril de 1941, se denominó estación naval de Guantánamo. A partir de entonces, y coincidiendo con la Segunda Guerra Mundial, pasó a llamarse base naval de operaciones, hasta el 18 de junio de 1952, que asumió el nombre actual de base naval de Estados Unidos.

Fue además, desde su establecimiento, polígono de prueba y campo de entrenamiento para sus unidades élites. De allí partieron invasiones contra los países del área: Haití, de 1914 hasta 1934; México, de 1914 hasta 1916; República Dominicana, entre 1916 y 1924; Nicaragua, de 1910 hasta 1927; Honduras en 1924; Guatemala en 1920; Santo Domingo, en abril de 1965; Panamá en 1989; Haití en 1994; entre otras. Contra Cuba se empleó militarmente en 1898, de 1906 a 1909, en 1912 y de 1917 a 1921.

Para los cubanos el impacto de los desmanes de la soldadesca y marinería estadounidense en Guantánamo y Caimanera era insoportable. La base generó drogas, corrupción, juegos y prostitución en su entorno. Solo en el poblado de Caimanera, colindante con ella, ejercían como prostitutas para la marinería estadounidense alrededor de quinientas mujeres. En la zona de tolerancia existieron veinte y siete burdeles, sin contar los lugares donde se ejercía de forma clandestina. Una crónica de un periodista de la revista *Carteles*, del 6 de diciembre de 1959, refería:

> Consecuentemente, miles y miles de marinos de todas las flotas de la Unión, que allí recalan, se llevaban de Cuba la más degradante impresión. Y la propia ciudad —ochenta mil habitantes— resultaba periódico escenario de los escándalos alcohólicos de la hez del globo, enrolada, como en otra Legión Extranjera, en las

diferentes escuadras de los Estados Unidos de América. Y chinos, japoneses, belgas, alemanes, franceses, gentes de todas y ninguna nacionalidad, un día llevaron a sus países de origen la más vergonzante visión de Cuba, solo porque habían bajado a comprar amor y emborracharse en el poblado casi lacustre de Caimanera.

Durante la Segunda Guerra Mundial, se calcula en alrededor de diez mil los cubanos y extranjeros que laboraron en ella. Fue una época de abusos, atropellos y humillaciones contra estos, y se llegó incluso al asesinato por marinos norteamericanos de un aspirante a trabajador de la base, por el solo delito de montar de polizonte en una de las embarcaciones que trasladaba a aquellos a la instalación.

Por otro lado, bombas y municiones norteamericanas, abastecidas en la base naval de Guantánamo a la fuerza aérea de Batista, sirvieron para masacrar al pueblo cubano en las zonas liberadas por el Ejército Rebelde. Ante esta colaboración, el entonces Comandante Raúl Castro Ruz, Jefe del II Frente Oriental, ordenó la Operación Antiaérea, consistente en la retención temporal de un grupo de efectivos estadounidenses, como testigos del genocidio que se cometía en los campos de Cuba con armamento suministrado por Estados Unidos violando la prohibición de entrega de armas al régimen de Fulgencio Batista. La operación poseía dos objetivos bien definidos: denunciar al mundo las consecuencias de los bombardeos a la población civil e impedirlos con la presencia de los ciudadanos norteamericanos en las zonas de conflictos.

Al triunfo de la Revolución, el 1ro. de enero de 1959, el gobierno revolucionario suspendió de inmediato la visita de las tropas norteamericanas a territorio libre. Se combatió la drogadicción y los males que la base generaba y se eliminó la prostitución. Los marines debían desde ese momento seguir las reglas que imponía Cuba. Pronto comenzó la confrontación y la hostilidad del imperio.

A ello respondió Cuba con la creación del Batallón de la Frontera, el 8 de noviembre de 1961. Un día después, los milicianos ocuparon las posiciones con el vestuario y armamento de las tropas regulares de las Fuerzas Armadas Revolucionarias. La misión era terminante: no responder a ofensas o provocaciones y cerrar la frontera.

En septiembre de 1964 se creó la Brigada de la Frontera, con una estructura que aseguraba el cumplimiento de las complejas misiones asignadas. Los estoicos combatientes debían enfrentar una gama de provocaciones, entre las que destaco las siguientes:

- Ofender de palabras en disímiles ocasiones.

- Brindar emparedados y comida a soldados cubanos y, ante la indiferencia de estos, ofenderlos de palabra y gestos y amenazarlos con cuchillos.

- Lanzar pasteles, cajas de dulces, manzanas y paquetes de cigarros.

- Lanzar piedras, objetos que explotaban en la zona cubana, botellas con gasolina con estopas incendiarias.

- Manipular y cargar armas, disparar, apuntar las armas contra el territorio nacional, incluidos piezas de artillería pesada y tanques.

- Alumbrar con reflectores las postas cubanas.

- Subirse los marines en las cercas perimetrales.

- Insultar de palabra contra Fidel y Raúl.

- Emplazar ametralladoras contra las postas.

Desde la base naval en la bahía de Guantánamo, entre los años 1962 y 1996, se cometieron por efectivos norteamericanos 8 288 violaciones principales, incluidas 6 345 aéreas, 1 333 navales y 610 territoriales. De esa cifra, 7 755 se produjeron entre 1962 y 1971, los años más álgidos y tirantes de confrontación.

La base ha sido también foco de tensión por la estimulación a la emigración ilegal por su perímetro y a la aplicación selectiva y violatoria de los acuerdos migratorios firmados entre ambas naciones. Así lo demuestra la siguiente tabla:

Tratamiento selectivo a la emigración ilegal a través de la base naval de Guantánamo

Años	Cantidad de personas que han salido del país de manera ilegal a través de la base naval	Cantidad de personas devueltas	Por ciento de cumplimiento de acuerdos migratorios
1995	66	27	40,9
1996	50	41	82,0
1997	97	73	75,2
1998	68	42	61,7
1999	33	31	93,9
2000	13	13	100
2001	15	12	80,0

Durante años, los pobladores de Caimanera y Boquerón vivieron en total sobresalto dadas las sorpresivas maniobras y el fuego de las armas estadounidenses en los límites fronterizos, donde establecieron sus polígonos de tiro. Las explosiones no dejaban concentrarse a los niños en la escuela, ni dormir a los vecinos en la noche. Tampoco los vuelos rasantes de aviones y helicópteros norteamericanos que interrumpían inesperadamente sobre la cerca perimetral e, incluso, sobrevolaban territorio libre. Como consecuencia de las explosiones en los polígonos de tiro, algunas paredes de los edificios se agrietaban y los objetos caían de ellas. Esos sobresaltos provocaron estrés psicológico y traumas perdurables en el tiempo a los habitantes de ambos pueblos.

Como efectos directos en las edificaciones del poblado Boquerón de las explosiones en la base, entre 1959 y 1994 la oficina de la construcción en el municipio Caimanera registró rotura de techos de fibrocemento, agrietamiento de paredes, desplome de paredes, afectaciones en instalaciones estudiantiles, roturas de tasas sanitarias y tanques de inodoros, roturas de paredes de cristal y roturas de vajillas de cristal en viviendas. Las explosiones, disparos y vuelos desde la base acumularon una permanente situación de estrés colectivo, con un impacto directo en la salud de Caimanera. El por ciento de asmáticos, hipertensos, esquizofrénicos, personas con tratamiento psiquiátrico y niños con necesidad de atención especial es alto allí en proporción con la cantidad de habitantes de la localidad.

Doloroso impacto ha provocado la Ley de Ajuste Cubano en la familia caimanerense, mutilada por su causa. Más de cuatrocientas madres del pueblo sufren haber perdido el abrigo de sus hijos, que abandonaron el país por la base. Ocho de ellas sienten el dolor de la desaparición física de estos en el intento. Otras quince lamentan las mutilaciones y heridas dejadas a sus hijos por las minas.

Alrededor de 25 madres jóvenes del poblado han abandonado el país por el perímetro fronterizo, dejando 11 de ellas a 14 hijos al cuidado de las abuelas. Más de 200 madres han tenido que enfrentar solas la crianza y manutención de sus hijos por las salidas ilegales de sus esposos a través de la base. Por estas causas 13 madres sufren trastornos psiquiátricos y enfermedades cardiovasculares.

En el año 2012, 21 madres de Caimanera tenían a sus hijos presos en Estados Unidos y 15 lloraban su pérdida definitiva, muertos en las calles y cárceles del Norte.

La propaganda generada por el canal 8 de la televisión en la base, visible hasta la década del noventa del pasado siglo en Caimanera y Guantánamo, estimulaba la emigración y la ruptura con la

Patria. Esas transmisiones fueron el ensayo de lo que sería la Radio y Televisión Martí.

La base ha incidido además en la actividad pesquera, que ha quedado limitada al segundo bolsón de la bahía (norte), afectado ecológicamente por la pasarela, obra ingeniera para controlar el acceso en ambas direcciones. Su estructura reduce la entrada de especies marinas, en especial las migratorias. La pasarela obstaculiza además la presencia de especies en la bahía, como el manatí y el delfín, limitando sus posibilidades de acuario natural para el disfrute del pueblo.

La actividad económica se perjudica por las afectaciones al tránsito por la bahía, lo que limita la extracción de la sal, principal rubro exportable de Caimanera, y la explotación óptima de la terminal de azúcar a granel de Boquerón, paralizada por tal motivo durante muchos años.

Las posibilidades turísticas de la bahía se limitan, sobre todo el desarrollo del deporte náutico, por las limitaciones de acceso al bolsón sur de la bahía, de mejores condiciones para la navegación. Las mejores playas del sur de Guantánamo están precisamente en el territorio ocupado. De ellas se priva Cuba.

El 17 de febrero de 1993 tuvo lugar el primer contacto entre autoridades militares de la base naval de Estados Unidos y las Fuerzas Armadas Revolucionarias, en la Línea Blanca. La agenda tenía como único punto la actualización a la parte cubana sobre el sistema de boyas para la navegación por el canal de la bahía.

Entre marzo y junio de 1994 —apogeo de la crisis migratoria—, a solicitud del gobierno estadounidense se realizaron cuatro nuevos contactos entre militares cubanos y norteamericanos. El objetivo: establecer una línea de comunicación entre ambos mandos para intercambiar informaciones de interés mutuo y evitar incidentes que complicaran aún más la situación. En septiembre de 1994, la línea de comunicaciones fue declarada oficialmente operacional, mediante el intercambio de tres notas diplomáticas.

A partir del 9 de mayo de 1995 —a raíz de la firma de los Acuerdos Migratorios— las reuniones entre las autoridades militares cubanas y de la base naval comenzaron a realizarse con regularidad mensual, alternando la sede. El propósito esencial de estos encuentros es la revisión del cumplimiento de dichos acuerdos y continuar el intercambio de información, para mantener el clima de seguridad en el perímetro de la instalación.

La existencia de contactos con las autoridades militares se hizo pública por vez primera en junio de 1996, cuando televisoras de la Florida divulgaron imágenes de los mismos.

Violando una vez más la soberanía de Cuba, Estados Unidos informó oficialmente a la Isla, el 8 de enero de 2002, el uso de la base naval en la bahía de Guantánamo como centro de detención para prisioneros de la guerra en Afganistán. Una nueva afrenta a la dignidad humana, y a Cuba.

La base fue, hasta julio pasado, la única de Estados Unidos en un país con el cual no mantenía relaciones diplomáticas. Resultado de una imposición en el país ocupado y posteriormente, en 1934, ratificada bajo condiciones de presión política precedidas de un golpe de Estado, la existencia de la base no tiene fundamentación legal. Su articulado no concede capacidad alguna a Cuba para reclamar su estatus.

Estados Unidos, como potencia, no ha dejado de comportarse como un sujeto agresivo y hostil hacia la Revolución Cubana y los gobiernos progresistas del área. La reactivación de la IV Flota pudiera sobredimensionar nuevamente el papel y lugar de la base y revertir lo alcanzado en materia de fomento de confianza con Cuba y la región.

La sola existencia de la instalación constituye para Cuba un foco de permanente tensión. Más temprano que tarde, y siempre por vías diplomáticas, el territorio ocupado regresará a la soberanía cubana.

En noviembre de 2008 el presidente, General de Ejército Raúl Castro Ruz, en una entrevista con el actor norteamericano Sean Penn, le comentó que para comenzar a resolver los problemas entre Estados Unidos y Cuba podría conversar con el presidente de Estados Unidos en Guantánamo, donde le obsequiaría a Obama la propia bandera estadounidense que ondea en la bahía para que la llevase de regreso a su país. Con la entrega de la base, Estados Unidos repararía años de ignominia y daría un paso cuerdo y sólido en la mejoría de las relaciones hemisféricas. Sería una de las mejores medidas para propiciar la confianza con América Latina.

Mientras exista la ilegal base estadounidense en la bahía de Guantánamo, los cubanos, sin perder el sueño, estaremos alertas permanentemente ante cualquier eventualidad. Demasiadas experiencias recoge la historia de Cuba del empleo de la misma contra nuestro país, y como fábrica de pretextos para justificar la intervención militar contra la Revolución Cubana.

La base es una anomalía al desarrollo de relaciones diplomáticas coherentes y estables entre dos naciones. Su existencia, el bloqueo y la Ley de Ajuste Cubano se revierten como bumerán a la credibilidad de los pueblos en la honestidad política del gobierno de Estados Unidos.

Anexo 1
Resolución Conjunta aprobada por el Congreso norteamericano el 18 de abril de 1898, sancionada por el presidente McKinley el 20 de abril de 1898

Por cuanto: el aborrecible estado de cosas que ha existido, durante los tres últimos años, en la isla de Cuba, tan próxima a nuestro territorio, ha herido el sentido moral del pueblo de Estados Unidos y afrentado la civilización cristiana, y ha culminado en la destrucción de un barco de guerra de Estados Unidos con doscientos sesenta y seis de sus oficiales y tripulantes, mientras se hallaba de visita amistosa en el puerto de La Habana, y tal estado de cosas no puede ser tolerada por más tiempo, según manifestó ya el presidente de Estados Unidos en su mensaje al Congreso de 11 de abril de 1898, invitando a este a que adopte resoluciones.

Por tanto: se resuelve por el Senado y la Cámara de Representantes de Estados Unidos de América, reunido en Congreso:

- Primero: que el pueblo de la isla de Cuba es y de derecho debe ser libre e independiente.

- Segundo: que es el deber de los Estados Unidos exigir, como el Gobierno de los Estados Unidos por la presente exige, que el Gobierno de España renuncie inmediatamente su autoridad y gobierno en la isla de Cuba y retire del territorio de esta y de sus aguas, sus fuerzas militares y navales.

- Tercero: que por la presente se da orden y autoridad al Presidente de los Estados Unidos para usar en su totalidad las fuerzas militares y navales de los Estados Unidos, y para llamar a servicio activo la milicia de los diferentes Estados de los Estados Unidos hasta donde sea necesario para llevar a efecto esta resolución.

- Cuarto: que los Estados Unidos por la presente declaran que no tienen deseo ni intención de ejercer soberanía, jurisdicción o dominio sobre dicha Isla, excepto para su pacificación, y afirman su determinación, cuando esta se haya conseguido, de dejar el gobierno y dominio de la Isla a su pueblo.

Senate, 58th Congress, 2d Session, Document No. 312, The Establishment of Free Government in Cuba, Washington, 1904, p. 5. Tomado de Hortensia Pichardo: *Documentos para la historia de Cuba*, t. I, Editorial de Ciencias Sociales, La Habana, 1971, pp. 508-510.

Anexo 2
Tratado de Paz entre los Estados Unidos de América y el reino de España

Firmado en París el 10 de diciembre de 1898.
Recomendada por el Senado su ratificación, el 6 de febrero de 1899.
Ratificado por el Presidente, el 6 de febrero de 1899.
Ratificado por Su Majestad la Reina Regente de España, el 19 de marzo de 1899.
Canjeadas las ratificaciones en Washington el 11 de abril de 1899.
Proclamado en Washington el 11 de abril de 1899.
Por el Presidente de los Estados Unidos de América

PROCLAMACIÓN

Por cuanto un Tratado de Paz entre los Estados Unidos de América y Su Majestad la Reina Regente de España, en el nombre de Su Augusto Hijo Don Alfonso XIII, se ha ultimado y firmado por sus respectivos plenipotenciarios en París el día diez de diciembre de 1898, del cual Convenio el texto original, en los idiomas inglés y español, dice literalmente lo que sigue.

Los Estados Unidos de América y S. M. la Reina Regente de España, en nombre de Su Augusto Hijo Don Alfonso XIII, deseando poner término al estado de guerra hoy existente entre ambas naciones, han nombrado con este objeto por sus Plenipotenciarios a saber:

- el Presidente de los Estados Unidos de América a: William R. Day, Cushman K. Davis, William P. Frye, George Gray y Whitelaw Reid, ciudadanos de los Estados Unidos; y

- su Majestad la Reina Regente de España, a: Don Eugenio Montero Ríos, Presidente del Senado; Don Buenaventura de Abarzuza, Senador del Reino, Ministro que ha sido de la Corona; Don José de Garnica, Diputado a Cortes, Magistrado del Tribunal Supremo; Don Wenceslao Ramírez de Villa-Urrutia, Enviado Extraordinario y Ministro plenipotenciario en Bruselas, y Don Rafael Cerero, General de división;

Los cuales reunidos en París, después de haberse comunicado sus plenos poderes que fueron hallados en buena y debida forma, y previa la discusión de las materias pendientes, han convenido en los siguientes artículos.

Artículo I

España renuncia todo derecho de soberanía y propiedad sobre Cuba.

En atención a que dicha isla, cuando sea evacuada por España, va a ser ocupada por los Estados Unidos, los Estados Unidos mientras dure su ocupación, tomarán sobre sí y cumplirán las obligaciones que por el hecho de ocuparla les impone el Derecho Internacional, para la protección de vidas y haciendas.

Artículo II

España cede a los Estados Unidos la Isla de Puerto Rico y las demás que están ahora bajo su soberanía en las Indias Occidentales, y la Isla de Guam en el Archipiélago de las Marianas o Ladrones.

Artículo III

España cede a los Estados Unidos el archipiélago conocido por las Islas Filipinas, que comprende las islas situadas dentro de las líneas siguientes: una línea que corre de Oeste a Este, cerca del 20° paralelo de latitud Norte, a través de la mitad del canal navegable de Bachi, desde el 118° al 127 grados de longitud Este de Greenwich; de aquí a lo largo del ciento veinte y siete (127) grado meridiano de longitud Este de Greenwich al paralelo cuatro grados cuarenta y cinco minutos (4° 45′) de latitud Norte; de aquí siguiendo el paralelo de cuatro grados cuarenta y cinco minutos de latitud Norte (4° 45′) hasta su intersección con el meridiano de longitud ciento diez y nueve grados y treinta y cinco minutos (119° 35′) Este de Greenwich al paralelo de latitud siete grados cuarenta minutos (7° 40′) Norte; de aquí siguiendo el paralelo de latitud siete grados cuarenta minutos (7° 40′) Norte, a su intersección con el ciento diez y seis (116°) grado meridiano de longitud Este de Greenwich, de aquí por una línea recta, a la intersección del décimo grado paralelo de latitud Norte, con el ciento diez y ocho (118°) grado meridiano de longitud Este de Greenwich, y de aquí siguiendo el ciento diez y ocho grado (118°) meridiano de longitud Este de Greenwich, al punto en que comienza esta demarcación.

Los Estados Unidos pagarán a España la suma de veinte millones de dólares ($20,000,000) dentro de los tres meses después del canje de ratificaciones del presente tratado.

Artículo IV

Los Estados Unidos durante el término de diez años a contar desde el canje de la ratificación del presente tratado admitirán en los puertos de las Islas Filipinas los buques y las mercancías españolas, bajo las mismas condiciones que los buques y las mercancías de los Estados Unidos.

Artículo V

Los Estados Unidos, al ser firmado el presente tratado, trasportarán a España, a su costa, los soldados españoles que hicieron prisioneros de guerra las fuerzas americanas al ser capturada Manila. Las armas de estos soldados les serán devueltas.

España, al canjearse las ratificaciones del presente tratado, procederá a evacuar las Islas Filipinas, así como la de Guam, en condiciones semejantes a las acordadas por las Comisiones nombradas para concertar la evacuación de Puerto Rico y otras Islas en las Antillas Occidentales, según el Protocolo de 12 de agosto de 1898, que continuará en vigor hasta que sean completamente cumplidas sus disposiciones.

El término dentro del cual será completada la evacuación de las Islas Filipinas y la de Guam, será fijado por ambos Gobiernos. Serán propiedad de España banderas y estandartes, buques de guerra no apresados, armas portátiles, cañones de todos calibres con sus montajes y accesorios, pólvoras, municiones, ganado, material y efectos de toda clase pertenecientes a los ejércitos de mar y tierra de España en las Filipinas y Guam. Las piezas de grueso calibre, que no sean artillería de campaña, colocadas en las fortificaciones y en las costas, quedarán en sus emplazamientos por el plazo de seis meses a partir del canje de ratificaciones del presente tratado, y los Estados Unidos podrán, durante ese tiempo, comprar a España dicho material, si ambos Gobiernos llegan a un acuerdo satisfactorio sobre el particular.

Artículo VI

España, al ser firmado el presente tratado, pondrá en libertad a todos los prisioneros de guerra y a todos los detenidos o presos por delitos políticos a consecuencia de las insurrecciones en Cuba y en Filipinas y de la guerra con los Estados Unidos.

Recíprocamente, los Estados Unidos pondrán en libertad a todos los prisioneros de guerra hechos por las fuerzas americanas, y gestionarán la libertad de todos los prisioneros españoles en poder de los insurrectos de Cuba y Filipinas.

El Gobierno de los Estados Unidos trasportará, por su cuenta a España, y el Gobierno de España trasportará por su cuenta a los Estados Unidos, Cuba, Puerto Rico y Filipinas, con arreglo a la situación de sus respectivos hogares, los prisioneros que pongan o que hagan poner en libertad respectivamente, en virtud de este artículo.

Artículo VII

España y los Estados Unidos de América renuncian mutuamente, por el presente tratado, a toda reclamación de indemnización nacional o privada de cualquier género de un Gobierno contra el otro, o de sus súbditos o ciudadanos contra el otro Gobierno, que pueda haber surgido desde el comienzo de la última insurrección en Cuba y sea anterior al canje de ratificaciones del presente tratado, así como a toda indemnización en concepto de gastos ocasionados por la guerra.

Los Estados Unidos juzgarán y resolverán las reclamaciones de sus ciudadanos contra España, a que renuncia en este artículo.

Artículo VIII

En cumplimiento de lo convenido en los artículos I, II y III de este tratado, España renuncia en Cuba y cede en Puerto Rico y en las otras islas de las Indias Occidentales, en la Isla de Guam y en el Archipiélago de las Filipinas, todos los edificios, muelles, cuarteles, fortalezas, establecimientos, vías públicas y demás bienes inmuebles que con arreglo a derecho son del dominio público, y como tal corresponden a la Corona de España.

Queda por lo tanto declarado que esta renuncia o cesión, según el caso, a que se refiere el párrafo anterior, en nada puede mermar la propiedad, o los derechos que correspondan, con arreglo a las leyes, al poseedor pacífico, de los bienes de todas clases de las provincias, municipios, establecimientos públicos o privados, corporaciones civiles o eclesiásticas, o de cualesquiera otras colectividades que tienen personalidad jurídica para adquirir y poseer bienes en los mencionados territorios renunciados o cedidos, y los de los individuos particulares, cualquiera que sea su nacionalidad.

Dicha renuncia o cesión, según el caso, incluye todos los documentos que se refieran exclusivamente a dicha soberanía renunciada o cedida, que existan en los Archivos de la Península.

Cuando estos documentos existentes en dichos Archivos, solo en parte correspondan a dicha soberanía, se facilitarán copias de dicha parte, siempre que sean solicitadas. Reglas análogas habrán recíprocamente de observarse en favor de España, respecto de los documentos existentes en los Archivos de las Islas antes mencionadas.

En las antecitadas renuncia o cesión, según el caso, se hallan comprendidos aquellos derechos de la Corona de España y de sus autoridades sobre los Archivos y Registros oficiales, así administrativos como judiciales de dichas islas, que se refieran a ellas y a los derechos y propiedades de sus habitantes. Dichos Archivos y Registros deberán ser cuidadosamente conservados y los particulares sin excepción, tendrán derecho a sacar, con arreglo a las leyes, las copias autorizadas de los contratos, testamentos y demás documentos que formen parte de los protocolos notariales o que se custodien en los Archivos administrativos o judiciales, bien estos se hallen en España, o bien en las Islas de que se hace mención anteriormente.

Artículo IX

Los súbditos españoles, naturales de la Península, residentes en el territorio cuya soberanía España renuncia o cede por el presente tratado, podrán permanecer en dicho territorio o marcharse de él, conservando en uno u otro caso todos sus derechos de propiedad, con inclusión del derecho de vender o disponer de tal propiedad o de sus productos; y además tendrán el derecho de ejercer su industria, comercio o profesión, sujetándose a este respecto a las leyes que sean aplicables a los demás extranjeros. En el caso de que permanezcan en el territorio, podrán conservar su nacionalidad española haciendo ante una oficina de registro, dentro de un año después del cambio de ratificaciones de este tratado, una declaración de su propósito de conservar dicha nacionalidad: a falta de esta declaración, se considerará que han renunciado dicha nacionalidad y adoptado la del territorio en el cual pueden residir.

Los derechos civiles y la condición política de los habitantes naturales de los territorios aquí cedidos a los Estados Unidos se determinarán por el Congreso.

Artículo X

Los habitantes de los territorios cuya soberanía España renuncia o cede, tendrán asegurado el libre ejercicio de su religión.

Artículo XI

Los españoles residentes en los territorios cuya soberanía cede o renuncia España por este tratado, estarán sometidos en lo civil y en lo criminal a los tribunales del país en que residan con arreglo a las leyes comunes que regulen su competencia, pudiendo comparecer ante aquellos, en la misma forma y empleando los mismos procedimientos que deban observar los ciudadanos del país a que pertenezca el tribunal.

Artículo XII

Los procedimientos judiciales pendientes al canjearse las ratificaciones de este tratado, en los territorios sobre los cuales España renuncia o cede su soberanía, se determinarán con arreglo a las reglas siguientes:

1. Las sentencias dictadas en causas civiles entre particulares o en materia criminal, antes de la fecha mencionada, y contra

las cuales no haya apelación o casación con arreglo a las leyes españolas, se considerarán como firmes, y serán ejecutadas en debida forma por la Autoridad competente en el territorio dentro del cual dichas sentencias deban cumplirse.

2. Los pleitos civiles entre particulares que en la fecha mencionada no hayan sido juzgados, continuarán su tramitación ante el Tribunal en que se halle el proceso, o ante aquel que lo sustituya.

3. Las acciones en materia criminal pendientes en la fecha mencionada ante el Tribunal Supremo de España contra ciudadanos del territorio que según este tratado deja de ser español, continuarán bajo su jurisdicción hasta que recaiga la sentencia definitiva; pero una vez dictada esa sentencia, su ejecución será encomendada a la Autoridad competente del lugar en que la acción se suscitó.

Artículo XIII

Continuarán respetándose los derechos de propiedad literaria, artística e industrial, adquiridos por españoles en las Islas de Cuba y en las de Puerto Rico, Filipinas y demás territorios cedidos, al hacerse el canje de las ratificaciones de este tratado. Las obras españolas científicas, literarias y artísticas, que no sean peligrosas para el orden público en dichos territorios, continuarán entrando en los mismos, con franquicia de todo derecho de aduana por un plazo de diez años a contar desde el canje de ratificaciones de este tratado.

Artículo XIV

España podrá establecer Agentes Consulares en los puertos y plazas de los territorios cuya renuncia y cesión es objeto de este tratado.

Artículo XV

El Gobierno de cada país concederá, por el término de diez años, a los buques mercantes del otro el mismo trato en cuanto a todos los derechos de puerto, incluyendo los de entrada y salida, de faro y tonelaje, que concede a sus propios buques mercantes no empleados en el comercio de cabotaje.

Este artículo puede ser denunciado en cualquier tiempo dando noticia previa de ello cualquiera de los dos Gobiernos al otro con seis meses de anticipación.

Artículo XVI

Queda entendido que cualquiera obligación aceptada en este tratado por los Estados Unidos con respecto a Cuba, está limitada al tiempo que dure su ocupación en esta isla, pero al terminar dicha ocupación, aconsejarán al Gobierno que se establezca en la isla que acepte las mismas obligaciones.

Artículo XVII

El presente tratado será ratificado por el Presidente de los Estados Unidos, de acuerdo y con la aprobación del Senado, y por Su Majestad la Reina Regente de España; y las ratificaciones se canjearán en Washington dentro del plazo de seis meses desde esta fecha, o antes si posible fuese.

En fe de lo cual, los respectivos Plenipotenciarios firman y sellan este tratado.

Hecho por duplicado en París a diez de diciembre del año mil ochocientos noventa y ocho.

William R. Day
Eugenio Montero Ríos
Cushman K. Davis
B. de Abarzuza
Wm.P. Frye

J. De Garnica
Geo. Gray
W.R. de Villa Urrutia
Whitelaw Reid
Rafael Cerero

Y por cuanto dicho convenio se ha ratificado debidamente por ambas partes contratantes, y las ratificaciones de los dos Gobiernos se canjearon en la Ciudad de Washington el día diez de abril de mil ochocientos noventa y nueve.

Por lo tanto sépase que yo, William McKinley, Presidente de los Estados Unidos de América, he hecho que a dicho Convenio se le dé publicidad, con el fin de que el mismo y todos los artículos y cláusulas del mismo se observen y cumplan de buena fe por los Estados Unidos y sus ciudadanos.

En testimonio de lo cual firmo la presente y hago estampar a continuación el sello de los Estados Unidos.

Firmado y sellado en la ciudad de Washington, hoy once de abril en el año de Nuestro Señor mil ochocientos noventa y nueve, y de la Independencia de los Estados Unidos el ciento veintitrés.

William McKinley

Por el Presidente,
John Hay
Secretario de Estado

Tomado del sitio: http://www.lexjuris.com/lexlex/lexotras/lextratadoparis.htm.

Anexo 3
Enmienda Platt

Que en cumplimiento de la declaración contenida en la Resolución Conjunta aprobada el 20 de abril de l898, intitulada «Para el reconocimiento de la independencia del pueblo cubano», exigiendo que el Gobierno de España renuncie a su autoridad y gobierno de la Isla de Cuba, y retire sus fuerzas terrestres y marítimas de Cuba y de las aguas de Cuba y ordenando al Presidente de los Estados Unidos que haga uso de la fuerza de tierra y mar de los Estados Unidos para llevar a efecto estas resoluciones, el Presidente por la presente queda autorizado para dejar el Gobierno y control de dicha Isla a su pueblo, tan pronto se haya establecido en esa Isla un Gobierno bajo una Constitución, en la cual, como parte de la misma, o en una ordenanza agregada a ella se definan las futuras relaciones entre Cuba y los Estados Unidos substancialmente, como sigue.

I

Que el Gobierno de Cuba nunca celebrará con ningún Poder o Poderes extranjeros ningún Tratado u otro convenio que pueda menoscabar o tienda a menoscabar la independencia de Cuba ni en manera alguna autorice o permita a ningún Poder o Poderes extranjeros obtener por colonización o para propósitos militares o navales, o de otra manera, asiento en o control sobre ninguna porción de dicha Isla.

II

Que dicho Gobierno no asumirá o contraerá ninguna deuda pública para el pago de cuyos intereses y amortización definitiva después de cubiertos los gastos corrientes del Gobierno, resulten inadecuados los ingresos ordinarios.

III

Que el Gobierno de Cuba consiente que los Estados Unidos puedan ejercitar el derecho de intervenir para la conservación de la independencia cubana, el mantenimiento de un Gobierno adecuado para la protección de vidas, propiedad y libertad individual y para cumplir las obligaciones que, con respecto a Cuba, han sido impuestas a los Estados Unidos por el Tratado de París y que deben ahora ser asumidas y cumplidas por el Gobierno de Cuba.

IV

Que todos los actos realizados por los Estados Unidos en Cuba durante su ocupación militar, sean tenidos por válidos, ratificados y que todos los derechos legalmente adquiridos en virtud de ellos, sean mantenidos y protegidos.

V

Que el Gobierno de Cuba ejecutará y en cuanto fuese necesario cumplirá los planes ya hechos y otros que mutuamente se convengan para el saneamiento de las poblaciones de la Isla, con el fin de evitar el desarrollo de enfermedades epidémicas e infecciones, protegiendo así al pueblo y al comercio de Cuba, lo mismo que al comercio y al pueblo de los puestos del Sur de los Estados Unidos.

VI

Que la Isla de Pinos será omitida de los límites de Cuba propuestos por la Constitución, dejándose para un futuro arreglo por Tratado la propiedad de la misma.

VII

Que para poner en condiciones a los Estados Unidos de mantener la independencia de Cuba y proteger al pueblo de la misma, así como para su propia defensa, el Gobierno de Cuba venderá o arrendará a los Estados Unidos las tierras necesarias para carboneras o estaciones navales en ciertos puntos determinados que se convendrán con el Presidente de los Estados Unidos.

VIII

Que para mayor seguridad en lo futuro, el Gobierno de Cuba insertará las anteriores disposiciones en un Tratado Permanente con los Estados Unidos.

Tomado de Felicia Villafranca: *Documentos de Cuba Republicana*, Instituto Cubano del Libro, La Habana, 1972, t. 1, p. 29.

Anexo 4
Tratado Permanente determinando las relaciones entre la República de Cuba y los Estados Unidos

Por cuanto el Congreso de los Estados Unidos de América dispuso, en virtud de una ley aprobada en marzo 2 de 1901, lo siguiente:

Se dispone además: que en cumplimiento de la declaración contenida en la Resolución Conjunta aprobada el 20 de abril de 1898 bajo el epígrafe «Para reconocer la independencia del pueblo de Cuba exigiendo que el gobierno de España renuncie a su autoridad y gobierno en la Isla de Cuba y que retire de Cuba y de las aguas cubanas sus fuerzas de mar y tierra, y ordenando al Presidente de los Estados Unidos que, para llevar a efecto estas resoluciones, haga uso de las fuerzas de mar y tierra de los Estados Unidos», queda por esta autorizado el Presidente para «dejar el Gobierno y mando de la Isla de Cuba a su pueblo» tan pronto como en dicha Isla se establezca un gobierno bajo una Constitución en la que, bien como parte de la misma o en una disposición que a ella se agregue, se precisen las relaciones futuras de los Estados Unidos con Cuba esencialmente como sigue:

I. El Gobierno de Cuba nunca celebrará con ningún poder o poderes extranjeros ningún Tratado u otro pacto que menoscabe o tienda a menoscabar la Independencia de Cuba, ni en manera alguna autorice o permita a ningún poder o poderes extranjeros obtener por colonización o para propósitos navales o militares o de otra manera asiento en o jurisdicción sobre ninguna porción de dicha Isla.

II. Dicho Gobierno no asumirá o contraerá ninguna deuda pública para el pago de cuyos intereses y amortización definitiva, después de cubiertos los gastos corrientes del Gobierno, resulten inadecuados los ingresos ordinarios.

III. El Gobierno de Cuba consiente que los Estados Unidos pueden ejercer el derecho de intervenir para la preservación de la independencia de Cuba, y el sostenimiento de un Gobierno adecuado a la protección de la vida, la propiedad y la libertad individual, y al cumplimiento de las obligaciones, con respecto a Cuba, impuestas a los Estados Unidos por el Tratado de París y que deben ahora ser asumidas por el Gobierno de Cuba.

IV. Todos los actos realizados por los Estados Unidos en Cuba durante su ocupación militar serán ratificados y tenidos por válidos, y todos los derechos legalmente adquiridos a virtud de aquellos serán mantenidos y protegidos.

V. El Gobierno de Cuba ejecutará y hasta donde fuere necesario ampliará los planes ya proyectados u otros que mutuamente se convengan, para el saneamiento de las poblaciones de la Isla, con el fin de evitar la recurrencia de enfermedades epidémicas e infecciosas, protegiendo así al pueblo y al comercio de Cuba, lo mismo que al comercio y al pueblo de los puertos del sur de los Estados Unidos.

VI. La Isla de Pinos queda omitida de los límites de Cuba propuestos por la Constitución, dejándose para un futuro tratado la filiación de su pertenencia.

VII. Para poner en condiciones a los Estados Unidos de mantener la independencia de Cuba y proteger al pueblo de la misma, así como para su propia defensa, el Gobierno de

Cuba venderá o arrendará a los Estados Unidos las tierras necesarias para carboneras o estaciones navales en ciertos puntos determinados que se convendrán con el Presidente de los Estados Unidos.

VIII. El Gobierno de Cuba insertará las anteriores disposiciones en un Tratado Permanente con los Estados Unidos.

Por cuanto la Convención constituyente de Cuba adoptó en junio 12 de 1901 una resolución agregando a la Constitución de la República que fue adoptada el 21 de febrero de 1901 un Apéndice que contiene palabra por palabra y letra por letra los ocho artículos enumerados de la Ley del Congreso de los Estados Unidos arriba mencionada.

Y por cuanto, en virtud de haberse establecido el Gobierno independiente y soberano de la República de Cuba bajo la Constitución promulgada en mayo 20 de 1902 en la que se incluyeron las precedentes condiciones y de haberse retirado en esa misma fecha el Gobierno de los Estados Unidos como poder interventor, se hace necesario incorporar las estipulaciones arriba indicadas en un Tratado Permanente entre la República de Cuba y los Estados Unidos de América.

Deseando la República de Cuba y los Estados Unidos de América dar cumplimiento a las condiciones antedichas, han nombrado al objeto como plenipotenciarios para llevar a cabo un tratado con ese fin.

El Presidente de la República de Cuba, a Carlos de Zaldo y Beurmann, Secretario de Estado y Justicia; y el Presidente de los Estados Unidos de América, a Herbert G. Squiers, Enviado Extraordinario y Ministro Plenipotenciario en La Habana, quienes después de haberse exhibido mutuamente sus plenos poderes que encontraron estar en buena y debida forma, han convenido en los siguientes artículos:

- Artículo I. El Gobierno de Cuba nunca celebrará con ningún poder o poderes extranjeros ningún Tratado u otro pacto que menoscabe o tienda a menoscabar la independencia de Cuba, ni en manera alguna autorice o permita a ningún poder o poderes extranjeros obtener por colonización o para propósitos navales o militares o de otra manera asiento en o jurisdicción sobre ninguna porción de dicha Isla.

- Artículo II. El Gobierno de Cuba no asumirá o contraerá ninguna deuda pública para el pago de cuyos intereses y amortización definitiva, después de cubiertos los gastos corrientes del Gobierno, resulten inadecuados los ingresos ordinarios de la Isla de Cuba.

- Artículo III. El Gobierno de Cuba consiente que los Estados Unidos puedan ejercer el derecho de intervenir para la preservación de la Independencia de Cuba, y el sostenimiento de un Gobierno adecuado, a la protección de la vida, la propiedad y la libertad individual y al cumplimiento de las obligaciones con respecto a Cuba, impuestas a los Estados Unidos por el Tratado de París y que deben ser asumidas y cumplidas por el Gobierno de Cuba.

- Artículo IV. Todos los actos realizados por los Estados Unidos en Cuba durante su ocupación militar serán ratificados y tenidos por válidos, y todos los derechos legalmente adquiridos a virtud de aquellos, serán mantenidos y protegidos.

- Artículo V. El Gobierno de Cuba ejecutará y hasta donde fuere necesario ampliará los planes ya proyectados u otros que mutuamente se convengan, para el saneamiento de las poblaciones de Isla, con el fin de evitar la recurrencia de enfermedades epidémicas e infecciosas protegiendo así al pueblo y al comercio de Cuba, lo mismo que al comercio y al pueblo de los puertos del sur de los Estados Unidos.

- Artículo VI. La Isla de Pinos queda omitida de los límites de Cuba propuestos por la Constitución, dejándose para un futuro tratado la filiación de su pertenencia.

- Artículo VII. Para poner en condiciones a los Estados Unidos de mantener la independencia de Cuba y proteger al pueblo de la misma, así como para su propia defensa el Gobierno de Cuba venderá o arrendará a los Estados Unidos las tierras necesarias para carboneras o estaciones navales en ciertos puntos determinados que se convendrán con el Presidente de los Estados Unidos.

- Artículo VIII. El presente Tratado será ratificado por cada una de las partes en conformidad con las respectivas constituciones de los dos países y las ratificaciones serán canjeadas en la ciudad de Washington dentro de los ocho meses siguientes a la fecha.

En fe de lo cual los respectivos plenipotenciarios lo firman y sellan por duplicado en español y en inglés, en La Habana, Cuba, el día veinte y dos de mayo de mil novecientos tres.

    (L.S.) Carlos de Zaldo
    (L.S.) H.G. Squiers

De conformidad con el protocolo adicional suscrito en Washington el 20 de enero de 1904, aprobado por el Senado de los Estados Unidos el 22 de marzo y por el Senado de la República de Cuba en 8 de junio del mismo año, las ratificaciones fueron canjeadas en dicha ciudad de Washington el día 1ro. de julio de 1904.

Promulgado en los Estados Unidos el 2 de julio de 1904.

Publicado en la *Gaceta Oficial* de la República de Cuba el día 14 de julio de 1904.

Tomado de Hortensia Pichardo: *Documentos para la Historia de Cuba*, Editorial de Ciencias Sociales, La Habana, 1973, t. II, pp. 253-256.

Anexo 5
Convenio para Estaciones Carboneras y Navales. Convenio de 16/23 de febrero de 1903

Entre la República de Cuba y los Estados Unidos de América para arrendar a los Estados Unidos (bajo las condiciones que habrán de convenirse por los dos Gobiernos) tierras en Cuba para estaciones carboneras navales.

Deseando la República de Cuba y los Estados Unidos de América ejecutar en todas sus partes lo prevenido en el Artículo VII de la Ley del Congreso que fue aprobada el 2 de marzo de 1901 y en el Artículo VII del Apéndice de la Constitución de la República de Cuba promulgada el 20 de mayo de 1902, en los cuales se dispone que:

> «Artículo VII. Para poner en condiciones a los Estados Unidos de mantener la independencia de Cuba y proteger al pueblo de la misma, así como para su propia defensa, el Gobierno de Cuba venderá o arrendará a los Estados Unidos las tierras necesarias para carboneras o estaciones navales en ciertos puntos determinados que se convendrán con el Presidente de los Estados Unidos»,

Han celebrado con ese objeto el siguiente convenio:

Artículo I

La República de Cuba arrienda por la presente a los Estados Unidos, por el tiempo que las necesitaren y para el objeto de establecer en ellas estaciones carboneras o navales, las extensiones de tierra y agua situadas en la isla de Cuba que a continuación se describen:

1

En Guantánamo (véase la Carta 1857 de la Oficina Hidrográfica).

Partiendo de un punto de la costa sur situado a 4,37 millas marítimas al este del faro de la Punta de Barlovento, una línea que corre en dirección Norte (franco) por una distancia de 4,25 millas marítimas;

Partiendo de la extremidad norte de esta línea, una línea de 5,87 millas marítimas hacia el Oeste (franco);

Partiendo de la extremidad occidental de esta línea, una línea de 3,31 millas marítimas hacia el Sudoeste (franco);

Partiendo de la extremidad sudoeste de esta última línea, una línea en dirección Sur (franco) hasta la costa.

Este arrendamiento quedara sujeto a todas las condiciones que se mencionan en el Artículo II de este Convenio.

2

En la parte noroeste de Cuba (véase la Carta 2036 de la Oficina Hidrográfica).

En Bahía Honda (véase la Carta 520b de la Oficina Hidrográfica).

Todo el terreno comprendido en la península en que se halla el Cerro del Morrillo y la Punta del Carenero y que está situado al oeste de una línea trazada desde la costa norte en dirección Sur (franco) a una distancia de 1 300 yardas al este (franco) de la cresta del Cerro del Morrillo y todas las aguas adyacentes que se confinan con el litoral de la península arriba descrita incluyendo el estero al sur de la Punta del Carenero con jurisdicción sobre las cabezadas en cuanto sea necesario para fines sanitarios y de otro género.

Y, además, toda la extensión de terreno y sus aguas adyacentes al lado oeste de la entrada de Bahía Honda comprendido entre el litoral y una línea de Norte a Sur (franco) hasta donde llegue la bajamar atravesando un punto que está al Oeste (franco) y distante una milla marítima de Punta del Caimán.

Artículo II

La concesión del Artículo anterior incluirá el derecho a usar y ocupar las aguas adyacentes a dichas extensiones de tierra y agua, y a mejorar y profundizar las entradas de las mismas y sus fondeaderos, y —en general— a hacer todo cuanto fuere necesario para poner dichos lugares en condiciones de usarse exclusivamente como estaciones carboneras o navales y para ningún otro objeto.

Los lugares dedicados al comercio con Cuba gozarán de libre tránsito por las aguas incluidas en esta concesión.

Artículo III

Si bien los Estados Unidos reconocen por su parte la continuación de la soberanía definitiva de la República de Cuba sobre las extensiones de tierra y agua arriba descritas, la República de Cuba consiente, por su parte, que durante el período en que los Estados Unidos ocupen dichas áreas a tenor de las estipulaciones de este convenio, los Estados Unidos ejerzan jurisdicción y señorío completos sobre dichas áreas con derecho a adquirir (bajo las condiciones que más adelante habrán de convenirse por ambos Gobiernos) para los fines públicos de los Estados Unidos cualquier terreno u otra propiedad situada en las mismas por compra o expropiación forzosa indemnizando a sus poseedores totalmente.

Hecho por duplicado en La Habana; y firmado por el Presidente de la República de Cuba, hoy día diez y seis de febrero de 1903.

Firmado por el Presidente de los Estados Unidos hoy día veinte y tres de febrero de 1903.

    T. Estrada Palma
    Theodore Roosevelt

Tomado de Olga Miranda: *Vecinos indeseables. La Base Naval de Guantánamo*, Editorial de Ciencias Sociales, La Habana, 2008, pp. 253-255.

Anexo 6
Convenio complementario
(del anterior). Convenio del 2 de julio de 1903

Deseando la República de Cuba y los Estados Unidos de América dejar determinadas las condiciones de arrendamiento de las áreas de terreno y agua que, para el establecimiento de estaciones navales o carboneras, en Guantánamo y Bahía Honda, hizo la República de Cuba a los Estados Unidos, por el convenio de 16-23 de febrero de 1903 llevado a cabo en cumplimiento de lo preceptuado en el artículo VII del Apéndice Constitucional de la República de Cuba, han nombrado con ese objeto sus plenipotenciarios:

- el Presidente de la República de Cuba a José M. García Montes, Secretario de Hacienda e Interino de Estado y Justicia; y

- el Presidente de los Estados Unidos de América a Herbert G. Squiers, Enviado Extraordinario y Ministro Plenipotenciario en La Habana.

Quienes, previo el canje de sus respectivos plenos poderes que encontraron estar en debida forma, han convenido en los siguientes artículos.

Artículo I

Los Estados Unidos de América acuerdan y estipulan pagar a la República de Cuba la suma anual de dos mil pesos en moneda de oro de los Estados Unidos durante todo el tiempo que estos ocuparen y usaren dichas áreas de terreno en virtud del mencionado convenio.

Todos los terrenos de propiedad particular y otros bienes inmuebles comprendidos en dichas áreas serán adquiridos sin demora por la República de Cuba. Los Estados Unidos de América convienen en suministrar a la República de Cuba las cantidades necesarias para la compra de dichos terrenos y bienes de propiedad particular, y la República de Cuba aceptará dichas cantidades como pago adelantado a cuenta de la renta de vida en virtud de dicho convenio.

Artículo II

Dichas áreas serán deslindadas y sus linderos marcados con precisión por medio de cercas o vallados permanentes. Los gastos de construcción y conservación de estas cercas o vallados serán sufragados por los Estados Unidos.

Artículo III

Los Estados Unidos de América convienen en que no se permitirá a persona, sociedad o asociación alguna, establecer o ejercer empresas comerciales e industriales o de otra clase dentro de dichas áreas.

Artículo IV

Los delincuentes prófugos de la justicia acusados de delitos o faltas sujetos a la jurisdicción de las leyes cubanas y que se refugiaren dentro de dichas áreas, serán entregados por las autoridades de los Estados Unidos cuando lo pidieren autoridades cubanas debidamente autorizadas. Por otra parte, la República de Cuba conviene en que los prófugos de la justicia acusados de delitos o faltas sujetos a la jurisdicción de las leyes de los Estados Unidos, cometidos dentro de dichas áreas y que se refugiaren en territorio cubano, serán, cuando se les pida, entregados a las autoridades de los Estados Unidos debidamente autorizados.

Artículo V

Los materiales de todas clases, mercancías, pertrechos y municiones de guerra, importados en dichas áreas para uso y consumo exclusivo de las mismas, no estarán sujetos al pago de derechos arancelarios ni a ningún otro derecho o carga, y los buques que los condujeren no estarán sujetos al pago de derechos de puerto, tonelaje, anclaje ni a cualquier otro, salvo cuando dichos buques se descargaren fuera de los límites de las referidas áreas; y dichos buques no serán descargados fuera de los límites de las referidas áreas, a menos que lo sea por un puerto habilitado de la República de Cuba y en este caso tanto el cargamento como los buques estarán sujetos a todas leyes y reglamentos de Aduanas cubanos y el pago de los derechos correspondientes.

Se acuerda, además, que esos materiales, mercancías, pertrechos y municiones de guerra no podrán ser transportados de dichas áreas a territorio cubano.

Artículo VI

Con excepción de lo dispuesto en el artículo anterior, los buques que entren o salgan de la Bahía de Guantánamo y Bahía Honda dentro de los límites del territorio cubano estarán exclusivamente sujetos a las leyes y autoridades cubanas, y a las disposiciones emanadas de estas en todo lo concerniente a la Policía del Puerto a las Aduanas y a la Sanidad, y las autoridades de los Estados Unidos no opondrán ningún obstáculo a la entrada y salida de dichos buques, excepto en el caso de un estado de guerra.

Artículo VII

Este arrendamiento será ratificado y las ratificaciones serán canjeadas en la ciudad de Washington dentro de siete meses después de la fecha.

En testimonio de lo cual, nosotros, los respectivos plenipotenciarios, hemos firmado este arrendamiento y estampado en el presente nuestros sellos.

Hecho en La Habana, por duplicado, en castellano y en inglés, hoy día dos de julio de mil novecientos tres.

(L.S.) José M. García Montes.
(L.S.) H.G. Squiers

El precedente Convenio fue aprobado por el Senado de la República de Cuba el día 16 de julio de 1903; por el Presidente de los Estados Unidos en octubre 2, 1903, ratificado por el Presidente de Cuba en agosto 17, 1903; las ratificaciones fueron canjeadas en la ciudad de Washington el día 6 de octubre del mismo año y se publicaron en la *Gaceta Oficial* de la República de Cuba el día 12 del propio mes de octubre.

Tomado de Hortensia Pichardo: *Documentos para la Historia de Cuba*, Editorial de Ciencias Sociales, La Habana, 1973, t. II, pp. 250-252.

Anexo 7

Tratado de 1934.
Tratado de Relaciones entre la República de Cuba y los Estados Unidos de América, del 29 de mayo de 1934

La República de Cuba y los Estados Unidos de América, animados por el deseo de fortalecer los lazos de amistad entre los dos países, y de modificar, con ese fin, las relaciones establecidas entre ellos por el Tratado de Relaciones firmado en La Habana el 22 de mayo de 1903, han nombrado con ese propósito, como sus plenipotenciarios:

- el Presidente Provisional de la República de Cuba, al Señor Dr. Manuel Márquez Sterling, Embajador Extraordinario y Plenipotenciario de la República de Cuba en los Estados Unidos de América; y

- el Presidente de los Estados Unidos de América; al Señor Cordell Hull, Secretario de Estado de los Estados Unidos de América y al Señor Sumner Welles, Subsecretario de Estado de los Estados Unidos de América;

Quienes, después de haberse comunicado entre sí sus plenos poderes, y encontrándolos en buena y debida forma, han convenido en los siguientes artículos.

Artículo I

El Tratado de Relaciones que se concluyó entre las dos partes contratantes el 22 de mayo de 1903 dejará de tener validez, y queda abrogado, desde la fecha en que comience a regir el presente Tratado.

Artículo II

Todos los actos realizados en Cuba por los Estados Unidos de América durante su ocupación militar de la isla, hasta el 20 de mayo de 1902, fecha en que se estableció la República de Cuba, han sido ratificados y tenidos como válidos; y todos los derechos legalmente adquiridos a virtud de esos actos serán mantenidos y protegidos.

Artículo III

En tanto las dos partes contratantes no se pongan de acuerdo para la modificación o abrogación de las estipulaciones del Convenio firmado por el Presidente de la República de Cuba el 16 de febrero de 1903, y por el Presidente de los Estados Unidos de América el 23 del mismo mes y año, en cuanto al arrendamiento a los Estados Unidos de América de terrenos en Cuba para estaciones carboneras o navales, seguirán en vigor las estipulaciones de ese Convenio en cuanto a la Estación Naval de Guantánamo. Respecto a esa estación naval seguirá también en vigor en las mismas formas y condiciones el arreglo suplementario referente a estaciones navales o carboneras terminado entre los dos Gobiernos el 2 de julio de 1903.

Mientras no se abandone por parte de los Estados Unidos de América la dicha Estación Naval de Guantánamo o mientras los dos Gobiernos no acuerden una modificación de sus límites actuales, seguirá teniendo la extensión territorial que ahora ocupa, con los límites que tiene en la fecha de la firma del presente Tratado.

Artículo IV

Si en cualquier tiempo surgiese en el futuro una situación que apareciera presagiar un brote de enfermedad contagiosa en el territorio de una u otra de las dos partes contratantes, cualquiera de los dos Gobiernos, para su propia protección, y sin que su acto sea considerado poco amistoso, ejercerá libremente y a su discreción el derecho de suspender las comunicaciones entre los puertos suyos que designe y todo o parte del territorio de la otra parte y por el tiempo que estime conveniente.

Artículo V

El presente Tratado será ratificado por las partes contratantes de acuerdo con sus métodos constitucionales respectivos; y comenzará a regir en la fecha de cambio de sus ratificaciones, el cual tendrá lugar en la ciudad de Washington tan pronto como sea posible.

En fe de lo cual, los Plenipotenciarios respectivos han firmado el presente Tratado y han estampado sus sellos.

Hecho por duplicado, y en los idiomas español e inglés, en Washington el día veinte y nueve de mayo, de mil novecientos treinta y cuatro.

    M. Marquez Sterling
    Cordell Hull
    Sumner Welles

Tomado de Olga Miranda: *Vecinos indeseables. La Base Naval de Guantánamo*, Editorial de Ciencias Sociales, La Habana, 2008, pp. 263-265.

Notas

La Enmienda Platt y la ilegalidad de la estación naval en la bahía de Guantánamo

1. Sidney Lens: *The Forging of the American Empire. From the Revolution to Vietnam: A History of U. S. Imperialism*, p. 6.
2. Horatio S. Rubens: *Libertad. Cuba y su Apóstol*, p. 294.
3. José Ignacio Rodríguez: *Estudio histórico sobre el origen, desenvolvimiento y manifestaciones prácticas de la idea de la anexión de la isla de Cuba a los Estados Unidos de América*, pp. 423-425.
4. Horatio S. Rubens: ob. cit., p. 351.
5. Emilio Roig de Leuchsenring: *Historia de la Enmienda Platt*, pp. 27-29.
6. Cfr. Abel E. González Santamaría: *La gran estrategia: Estados Unidos vs. América Latina*, p. 120.
7. José Ignacio Rodríguez: ob. cit., p. 419.
8. Rafael Martínez Ortiz: *Cuba: los primeros años de independencia*, t. I, pp. 128-129.
9. Philip S. Foner: *La guerra hispano-cubano-norteamericana y el surgimiento del imperialismo yanqui*, vol. II, p. 217.
10. Ibídem, p. 218.
11. Ibídem, p. 219.
12. Rafael Martínez Ortiz: ob. cit., p. 145.
13. Howard Zinn: *La otra historia de Estados Unidos*, p. 216.
14. Rafael Martínez Ortiz: ob. cit., p. 162.
15. Ibídem, p. 164.
16. Manuel Márquez Sterling: *Proceso histórico de la Enmienda Platt (1897-1934)*, t. II, p. 71.
17. Rafael Martínez Ortiz: ob. cit., p. 171.
18. Horatio S. Rubens: ob. cit., p. 376.
19. Rafael Martínez Ortiz: ob. cit., p. 187.
20. Philip S. Foner: ob. cit., pp. 242-243.

21. Cfr. Elihu Root: «Opiniones del departamento ejecutivo del Gobierno de los Estados Unidos sobre las prescripciones que debe contener la Constitución cubana referente a las relaciones entre Cuba y los Estados Unidos», en Emilio Roig de Leuchsenring: ob. cit., pp. 385-389.
22. Antonio Bravo Correoso: *Cómo se hizo la Constitución de Cuba*, p. 83.
23. Horatio S. Rubens: ob. cit., pp. 362 y 375.
24. Ibídem, p. 378.
25. Ídem.
26. Mark Twain: «To the Person Sitting in Darkness», pp. 169-175.
27. Howard Zinn: ob. cit., p. 223.
28. Emilio Roig de Leuchsenring: ob. cit., pp. 23-24.
29. Rafael Martínez Ortiz: ob. cit., p. 282.
30. Philip S. Foner: ob. cit., p. 285.
31. Manuel Márquez Sterling: ob. cit., p. 87.
32. Philip S. Foner: ob. cit., p. 285.
33. Emilio Roig de Leuchsenring: ob. cit., pp. 154-155.
34. Cfr. Philip S. Foner: ob. cit., pp. 287-293.
35. Rafael Martínez Ortiz: ob. cit., p. 287.
36. Manuel Márquez Sterling: ob. cit., p. 217.
37. Ibídem, p. 222.
38. Ibídem, pp. 223-224.
39. Ibídem, pp. 224-225.
40. Ibídem, pp. 233-234.
41. Cintio Vitier: *Ese sol de mundo moral*, p. 116.
42. Raúl Roa: *Aventuras, venturas y desventuras de un mambí*, pp. 286-287.
43. Theodore Roosevelt: *Presidential Addresses and State Papers*, t. 2, p. 621.
44. Bonifacio Byrne: *Lira y espada*, p. 175.

El Tratado de Relaciones de 1934 y la base naval norteamericana en Guantánamo. Nuevo rostro de una ilegalidad

1. El embajador estadounidense en la Isla, Sumner Welles, a la altura de noviembre de 1933 se mostraba preocupado con un posible viraje a la izquierda del gobierno cubano y avisaba al presidente Roosevelt que, si no se apresuraba en acelerar la caída del gobierno, la revolución social que se había iniciado no habría quien la detuviera.
2. El auge del militarismo a partir de esos años no fue un fenómeno privativo de Cuba. La administración de Franklin D. Roosevelt propició su surgi-

miento y desarrollo en todos los países latinoamericanos, a fin de que las tropas nativas realizasen, en forma eficaz, la labor represiva y de protección a los monopolios yanquis, que hasta entonces corría a cargo de la soldadesca norteamericana. La política del Buen Vecino necesitaba del militarismo para poder preservar la explotación imperialista del continente, sin tener que recurrir al desembarco de marines. Cfr. José Antonio Tabares: *La revolución del 30 en sus dos últimos años*, p. 384.

3. Citado por Abel E. González Santamaría: *La gran estrategia. Estados Unidos vs. América Latina*, p. 145.

4. Luis Suárez Salazar: *Madre América. Un siglo de violencia y dolor (1898-1998)*, p. 142.

5. Cfr. Ramiro Guerra: *La expansión territorial de los Estados Unidos. A expensas de España y de los países hispanoamericanos*, p. 465.

6. Ibídem, p. 475.

7. En nota oficial de 8 de agosto de 1933, el Embajador Sumner Welles pidió a Machado, en nombre de Roosevelt, la renuncia de la presidencia de Cuba. Luego Washington conspiró contra el llamado Gobierno de los Cien Días facilitando su derrocamiento.

8. Welles, en respuesta a una interpelación, escribió el primero de marzo de 1948 a Mr. Robert A. Lovett, subsecretario de Estado, una carta que contenía la siguiente declaración: «No obstante, no me sorprende en lo absoluto que los archivos del Departamento contengan poca documentación con respecto al tratado de 1934. Cuando el Presidente me envió a Cuba como Embajador en la primavera de 1933, se acordó entre nosotros que uno de los objetivos principales de mi misión sería el de preparar el camino para la negociación de un nuevo tratado entre Cuba y Estados Unidos mediante el cual pudiera ser abrogada la Enmienda Platt. Durante los meses que permanecí en Cuba discutí este asunto con ciertos dirigentes cubanos, entre ellos el Dr. Cosme de la Torriente, quien se convirtiera después en Secretario de Estado en el gobierno de Mendieta y bajo cuya dirección se llevaron a cabo las negociaciones para el Tratado de 1934 por parte del Gobierno Cubano. No hubo diferencias de opiniones entre el Gobierno Cubano y nosotros, en ese momento, en cuanto a lo que el Tratado debía contener, y hubo en realidad poco desacuerdo sobre las disposiciones que debían ser incluidas. Recuerdo perfectamente que el Dr. Márquez Sterling, entonces Embajador Cubano en Washington, y yo, nos sentamos juntos en mi oficina del Departamento de Estado y acordamos un texto que después, con ligeras enmiendas, se convirtió en el texto definitivo. Recuerdo también que el Presidente aprobó sin cambios el texto redactado por el Embajador cubano y por mí» (*Foreing Relations of The United States*, vol. V, 1934).

9. Manuel Márquez Sterling: *Proceso histórico de la Enmienda Platt (1897-1934)*, p. 431.

10. Años después Cosme de la Torriente trataría de justificar lo injustificable de la siguiente manera: «La experiencia que además en la vida internacional de Cuba, como Secretario de Estado, en la Liga de las Naciones en Europa, en el Senado de la República como Presidente de la Comisión de Relaciones Exteriores, en Washington como Embajador y por segunda vez en dicha Secretaría y de nuevo en la Liga en 1935, me hizo siempre creer, desde que el Presidente Wilson cesó en el cargo, que la guerra volvería y que nunca podrían cobrar sus grandes créditos los Estados Unidos. Así lo había expresado a sus principales gobernantes durante mi misión en Washington. Y por eso también, mejorada la posición de Cuba, accedí a mantener la Estación Naval. Sin ella en la Segunda Guerra ésta nos hubiera arrasado» (Cosme de la Torriente: *Mi misión en Washington. La soberanía de la Isla de Pinos*, p. 31).
11. Ibídem, p. 444.
12. Emilio Roig de Leuchsenring: *Historia de la Enmienda Platt*, p. 406.
13. Fernando Martínez Heredia considera este estudio «la primera investigación integral moderna de ciencias sociales sobre un país latinoamericano», «desde su superobjetivo contrarrevolucionario». Cfr. Fernando Martínez Heredia: «Nacionalizando la nación. Reformulación de la hegemonía en la segunda república cubana», en *Andando en la historia*, p. 163.
14. Rolando Rodríguez García: *El Embajador, el Sargento-Coronel y la Mula Dócil de Columbia*, t. II, p. 179.
15. Ibídem, p. 161.
16. Jorge Renato Ibarra: «A ochenta años de la "derogación" de la Enmienda Platt (I)».
17. Paco Ignacio Taibo II: *Tony Guiteras. Un hombre guapo*, p. 334.
18. Emilio Roig de Leuchsenring: ob. cit., p. 286.
19. Olga Miranda: *Vecinos indeseables. La base naval de Guantánamo*, pp. 263-265.
20. Ministerio de Relaciones Exteriores. Instituto de Política Internacional: «La Base de Guantánamo. Dictamen», p. 33.
21. Olga Miranda: ob. cit., p. 105.
22. Fidel Castro Ruz: «Discurso pronunciado por el Primer Ministro del Gobierno Revolucionario, Fidel Castro Ruz, en la sede de las Naciones Unidas, el 26 de septiembre de 1960».
23. Olga Miranda: ob. cit., p. 106.
24. Cfr. Fernández Álvarez Tabío: «La Base Naval de Guantánamo y el derecho internacional», p. 21.
25. Cfr. ibídem, p. 19.
26. Ibídem, p. 31.
27. Olga Miranda: ob. cit., p. 125.

28. Ibídem, p. 106.
29. Fernández Álvarez Tabío: ob. cit., pp. 33-34.

La estación naval de Guantánamo y el Derecho Internacional

1. Cfr. Antonio Sánchez de Bustamante y Sirvén: *Derecho Internacional Público*.
2. Cfr. Evan J. Criddle: «The Vienna Convention on the Law of Treaties in U.S. Treaty Interpretation», p. 434.
3. Ibídem, p. 443.
4. Ibídem, p. 499.
5. Cfr. Curtis A. Bradley y Mitu Gulati: «Withdrawing from International Custom»; y Lea Brilmayer e Isaias Yemane Tesfalidet: «Treaty Denunciation and "Withdrawal" from Customary International Law: An Erroneous Analogy with Dangerous Consequences».
6. Cfr. Evan J. Criddle: ob. cit., p. 450.
7. Cfr. Joseph C. Sweeney: «Guantanamo and U.S. Law», pp. 720-721.
8. Ibídem, p. 722.
9. Cfr. ibídem, p. 725.
10. Ramiro Guerra: *La expansión territorial de los Estados Unidos*, pp. 152-153.
11. Citado por Miguel A. D'Estéfano Pisani: *Cuba, Estados Unidos y el Derecho Internacional Contemporáneo*, p. 146.
12. Citado por Ramón Infiesta: *Historia Constitucional de Cuba*, p. 283.
13. Ibídem, p. 286.
14. Cfr. ibídem, pp. 304-305.
15. Cfr. ibídem, p. 305.
16. Citado por Ramón Infiesta: ob. cit., p. 307.
17. Cfr. ibídem, pp. 307-308.
18. Ibídem, p. 309.
19. Ídem.
20. Ibídem, p. 311.
21. Andrés Ma. Lazcano y Mazón: *Las Constituciones de Cuba*, pp. 1037-1039.
22. Ibídem, pp. 1040-1041.
23. «Conferencias Internacionales Americanas 1889-1936», p. 370.
24. Cfr. «United Nations Conference on the Law of Treaties: Second Session, Vienna, 9 April-22 May 1969, Official Records», p. 109. Fernando Álvarez Tabío habló entonces, a nombre de la delegación cubana, puntualmente en las discusión sobre este inciso b), y argumentó que ese artículo golpeaba un balance justo entre los elementos subjetivos y objetivos comprometidos en

fijar un término a los tratados que no contuvieran estipulaciones respecto a la terminación, denuncia o retiro; pero considerado este ar-tículo en su totalidad, hizo una positiva contribución al desarrollo progresivo del Derecho Internacional, para contener la práctica abusiva de los tratados perpetuos cuando la intención de tales tratados era imponer un política que facilitara al fuerte dominar al débil. Por tanto, los tratados de duración indefinida podían ahora ser llevados a su fin, con la aplicación de la cláusula *rebus sic stantibus*, implícita en todos.

25. Cfr. Antonio Remiro Brotóns *et al.*: *Derecho Internacional*, p. 80.
26. Antonio Sánchez de Bustamante y Sirvén: ob. cit., p. 12.
27. Cfr. Antonio Remiro Brotóns *et al.*: ob. cit., pp. 354-355.
28. Cfr. Miguel A. D'Estéfano Pisani: *Casos de Derecho Internacional Público*, p. 65.
29. El análisis que sigue toma base fundamentalmente en el trabajo del ilustre profesor de Derecho Constitucional, previo al triunfo revolucionario: Enrique Hernández Corujo: «Las transformaciones del derecho constitucional cubano desde el 12 de agosto de 1933».
30. Cfr. ibídem, p. 281.
31. Ibídem, pp. 281-282.
32. Cfr. ibídem, p. 284.
33. Ibídem, p. 286.
34. Antonio Sánchez de Bustamante y Sirvén: ob. cit., p. 289.
35. «Conferencias Internacionales Americanas 1889-1936», pp. 468-469.
36. Ibídem, p. 470.
37. Andrés Ma. Lazcano y Mazón: ob. cit., p. 642.
38. Hortensia Pichardo: *Documentos para la Historia de Cuba*, pp. 418-419.
39. Cfr. Miguel A. D'Estéfano Pisani: *Derecho de Tratados*, pp. 113-114.
40. Cfr. Antonio Remiro Brotóns *et al.*: ob. cit., pp. 462-463. En este sentido, la Corte Internacional de Justicia declaró recientemente, en el conflicto de la frontera terrestre y marítima entre Camerún y Nigeria, en 2002, que los Estados no están obligaos a conocer las disposiciones legislativas o constitucionales de los demás Estados con trascendencia en sus relaciones internacionales, y se concluyó que las restricciones impuestas por las normas fundamentales de Derecho Interno a la capacidad de actuación de un Jefe de Estado —al que por sus funciones se considera representante del Estado (7.2 CV)— no pueden considerarse manifiestas, en el sentido del número 2 del artículo 46 de la CV, salvo que les haya dado un publicidad adecuada.
41. Cfr. Antonio Remiro Brotóns *et al.*: ob. cit., p. 462.

42. Existe un reconocimiento de esta cláusula en la práctica del Derecho Internacional, sobre el cual se han vertido numerosas opiniones. Cfr. John P. Bullington: «International Treaties and The Clause *"Rebus sic Stantibus"*».
43. Cfr. Antonio Remiro Brotóns *et al.*: ob. cit., p. 474.
44. Cfr. José Castán Tobeñas: *Derecho Civil español, común y foral*, t. I, p. 309.
45. Fernando Álvarez Tabío: «El principio de la no injerencia en los asuntos internos de los Estados y la cuestión de las bases militares situadas en territorios extranjeros», p. 47.

Bibliografía

ÁLVAREZ TABÍO, FERNANDO: «La Base Naval de Guantánamo y el derecho internacional», en *Cuba Socialista*, La Habana, año II, no. 11, julio de 1962, pp. 9-34.

_____: «El principio de la no injerencia en los asuntos internos de los Estados y la cuestión de las bases militares situadas en territorios extranjeros», en *Revista Cubana de Derecho*, no. 29, La Habana, enero-junio, 2007, pp. 11-49.

BRADLEY, CURTIS A. y MITU GULATI: «Withdrawing from International Custom», en *The Yale Law Journal*, vol. 120, no. 202, 2010, pp. 202-275.

BRAVO CORREOSO, ANTONIO: *Cómo se hizo la Constitución de Cuba*, Imprenta y Papelería de Rambla, Bouza y Ca., La Habana, 1928.

BRILMAYER, LEA E ISASIAS YEMANE TESFALIDET: «Treaty Denunciation and "Withdrawal" from Customary International Law: An Erroneous Analogy with Dangerous Consequences», *The Yale Law Journal*, no. 120, 2011, http://yalelawjournal.org/forum/treaty-denunciation-and-qwithdrawalq-from-customary-international-law-an-erroneous-analogy-with-dangerous-consequences.

BYRNE, BONIFACIO: *Lira y espada*, Tipografía El Fígaro, La Habana, 1901.

BULLINGTON, JOHN P.: «International Treaties and The Clause "Rebus sic Stantibus"», *University of Pennsylvania Law Review*, December, 1927, pp. 153-177.

CASTÁN TOBEÑAS, JOSÉ: *Derecho Civil español, común y foral*, Instituto Editorial Reus, Madrid, 1943.

CASTRO RUZ, FIDEL: «Discurso pronunciado por el Primer Ministro del Gobierno Revolucionario, Fidel Castro Ruz, en la sede de las Naciones Unidas, el 26 de septiembre de 1960», versiones taquigráficas de las oficinas del Primer Ministro, en http://www.cuba.cu/gobierno/discursos/1960/esp/f260960e.html.

«Conferencias Internacionales Americanas 1889-1936», Dotación Carnegie Para la Paz Internacional, 700 Jackson Place, Washington, N.W., 1938.

CRIDDLE, EVAN J.: «The Vienna Convention on the Law of Treaties in U.S. Treaty Interpretation» *Faculty Publications,* Paper 1524, 2004, en http://scholarship.law.wm.edu/facpubs/1524.

D'ESTÉFANO PISANI, MIGUEL A.: *Derecho de Tratados,* Instituto Cubano del Libro, La Habana, 1973.

_____: *Cuba, Estados Unidos y el Derecho Internacional Contemporáneo,* Editorial de Ciencias Sociales, La Habana, 1983.

_____: *Casos de Derecho Internacional Público,* Editorial Pueblo y Educación, La Habana, 1986.

FAULKNER, H. UNDERWOOD: *Historia económica de los Estados Unidos,* Editorial de Ciencias Sociales, La Habana, 1972.

FONER, PHILIP S.: *La guerra hispano-cubano-norteamericana y el surgimiento del imperialismo yanqui,* Editorial de Ciencias Sociales, La Habana, 1978.

GONZÁLEZ BARRIOS, RENÉ: *Un Maine detenido en el tiempo. La base naval de Estados Unidos en la Bahía de Guantánamo,* Casa Editorial Verde Olivo, La Habana, 2013.

GONZÁLEZ SANTAMARÍA, ABEL E.: *La gran estrategia: Estados Unidos vs. América Latina,* Editorial Capitán San Luis, La Habana, 2013.

GUERRA, RAMIRO: *La expansión territorial de los Estados Unidos. A expensas de España y de los países hispanoamericanos,* Editorial de Ciencias Sociales, La Habana, 1973.

_____: *La expansión territorial de los Estados Unidos*, Cultural S.A., Madrid, 1935.

HERNÁNDEZ CORUJO, ENRIQUE: «Las transformaciones del derecho constitucional cubano desde el 12 de agosto de 1933», en *Revista Cubana de Derecho*, año XII, vol. 48, no. 4, octubre-diciembre de 1935, pp. 276-313.

IBARRA, JORGE RENATO: «A ochenta años de la "derogación" de la Enmienda Platt (I)», *Cubaliteraria*, La Habana, 25 de junio de 2014, http://www.cubaliteraria.cu/articuloc.php?idarticulo=17481&idcolumna=30.

INFIESTA, RAMÓN: *Historia Constitucional de Cuba*, segunda edición, Cultural, La Habana, 1951.

LAZCANO Y MAZÓN, ANDRÉS MA.: *Las Constituciones de Cuba*, Ediciones Cultura Hispánica, Madrid, 1952.

LENS, SIDNEY: *The Forging of the American Empire. From the Revolution to Vietnam: A History of U.S. Imperialism*, Pluto Press, London, 2003.

MARTÍNEZ HEREDIA, FERNANDO: *Andando en la historia*, Instituto Cubano de Investigación Cultural Juan Marinello-Ruth Casa Editorial, La Habana, 2009.

MARTÍNEZ ORTIZ, RAFAEL: *Cuba: los primeros años de independencia*, Editorial Le Livre Libre, París, 1929.

MÁRQUEZ STERLING, MANUEL: *Proceso histórico de la Enmienda Platt (1897-1934)*, Imprenta El Siglo XX, La Habana, 1941.

MINISTERIO DE RELACIONES EXTERIORES. INSTITUTO DE POLÍTICA INTERNACIONAL: «La Base de Guantánamo. Dictamen», La Habana, 23 de agosto de 1963.

MIRANDA, OLGA: *Vecinos indeseables. La base naval de Guantánamo*, segunda edición, Editorial de Ciencias Sociales, La Habana, 2008.

PICHARDO, HORTENSIA: *Documentos para la Historia de Cuba*, Editorial de Ciencias Sociales, Ciudad de La Habana, 1980.

PORTELL VILÁ, HERMINIO: *Historia de Cuba en sus relaciones con los Estados Unidos y España*, Jesús Montero Editor, La Habana, 1941, t. 4.

REMIRO BROTÓNS, ANTONIO et al.: *Derecho Internacional*, Tirant lo Blanch, Valencia, 2007.

ROA, RAÚL: *Aventuras, venturas y desventuras de un mambí*, Editorial de Ciencias Sociales, La Habana, 1970.

RODRÍGUEZ, JOSÉ IGNACIO: Estudio histórico sobre el origen, desenvolvimiento y manifestaciones prácticas de la idea de la anexión de la isla de Cuba a los Estados Unidos de América, Imprenta La Propaganda Literaria, La Habana, 1900.

RODRÍGUEZ GARCÍA, ROLANDO: *El Embajador, el Sargento-Coronel y la Mula Dócil de Columbia* (libro en proceso de edición).

ROIG DE LEUCHSENRING, EMILIO: *Historia de la Enmienda Platt*, Editorial de Ciencias Sociales, La Habana, 1973.

ROOSEVELT, THEODORE: *Presidential Addresses and State Papers*, The Review of Reviews Company, New York, 1910.

ROOT, ELIHU: «Opiniones del departamento ejecutivo del Gobierno de los Estados Unidos sobre las prescripciones que debe contener la Constitución cubana referente a las relaciones entre Cuba y los Estados Unidos», en: Emilio Roig de Leuchsenring: *Historia de la Enmienda Platt,* Editorial de Ciencias Sociales, *La Habana*, 1973.

RUBENS, HORATIO S.: *Libertad. Cuba y su Apóstol*, La Rosa Blanca, La Habana, 1956.

SÁNCHEZ DE BUSTAMANTE Y SIRVÉN, ANTONIO: *Derecho Internacional Público*, Carasa y Cía., Habana, 1933, t. I, pp. 15-22.

SUÁREZ SALAZAR, LUIS: *Madre América. Un siglo de violencia y dolor (1898-1998)*, Editorial de Ciencias Sociales, La Habana, 2006.

SWEENEY, JOSEPH C.: «Guantanamo and U.S. Law», en *Fordham International Law Journal*, vol. 30, no. 3, 2006, pp. 673-779.

TABARES, JOSÉ ANTONIO: *La revolución del 30 en sus dos últimos años*, Editorial Arte y Literatura, La Habana, 1971.

TAIBO II, PACO IGNACIO: *Tony Guiteras. Un hombre guapo*, Editorial de Ciencias Sociales, La Habana, 2009.

TORRIENTE, COSME DE LA: *Mi misión en Washington. La soberanía de la Isla de Pinos*, Imprenta de la Universidad de La Habana, Habana, 1952.

TWAIN, MARK: «To the Person Sitting in Darkness», *North American Review*, no. DXXXI, Boston, February, 1901, pp. 169-175.

«United Nations Conference On The Law Of Treaties: Second Session, Vienna, 9 April-22 May 1969, Official Records», *Summary Records Of The Plenary Meetings And Of The Meetings Of The Committee Of The Whole*, New York, 1970.

VITIER, CINTIO: *Ese sol de mundo moral*, Ediciones Unión, La Habana, 2008.

ZINN, HOWARD: *La otra historia de Estados Unidos*, Editorial de Ciencias Sociales, La Habana, 2004.

Autores

ERNESTO LIMIA DÍAZ (Bayamo, 1968). Es especialista en análisis de la información, licenciado en Derecho y Titular de diplomados en Migraciones Internacionales y Economía. Ha publicado artículos en diarios nacionales y ensayos sobre economía y temas históricos en medios especializados. Es autor de *Cuba entre tres imperios: perla, llave y antemural* (Ediciones Boloña, 2012; Casa Editorial Verde Olivo, 2014) y *Cuba Libre. La utopía secuestrada* (Casa Editorial Verde Olivo, La Habana, 2015).

ELIER RAMÍREZ CAÑEDO (La Habana, 1982). Licenciado en Historia (2006), Máster en Historia Contemporánea (Especialidad Relaciones Internacionales, 2008) y Doctor en Ciencias Históricas (2011). Coautor de los libros *El autonomismo en las horas cruciales de la nación cubana* (Editorial de Ciencias Sociales, 2008) y *De la confrontación a los intentos de «normalización». La política de los Estados Unidos hacia Cuba* (Editorial de Ciencias Sociales, 2011 y 2014). Pertenece al Consejo Científico del Instituto de Historia de Cuba y al Tribunal Nacional de Doctorados en Ciencias Políticas. Es miembro concurrente de la Academia de Historia de Cuba.

HAROLD BERTOT TRIANA (La Habana, 1986). Licenciado en Derecho y Maestrante en Derecho Constitucional y Administrativo. Ha ejercido como investigador, asesor jurídico y abogado litigante. Es autor de numerosos artículos sobre temas de Derecho Internacional Público, Derecho Constitucional, Teoría Política, Derecho Penal y Filosofía del Derecho, publicados en Cuba, Ecuador, Brasil y Chile.

RENÉ GONZÁLEZ BARRIOS (Pinar del Río, 1961). Coronel retirado de las FAR, es licenciado en Ciencias Jurídicas. Presidente del Instituto de Historia de Cuba, miembro de la Academia de Historia de Cuba, la Unión Nacional de Escritores y Artistas de Cuba y la Unión Nacional de Historiadores de Cuba. Es autor de varias obras, como *En el mayor silencio* (1990), *Almas sin fronteras. Generales extranjeros en el Ejército Libertador* (1996), *Los capitanes generales en Cuba: 1868-1878* (1999) y *Cruzada de Libertad. Venezuela por Cuba* (2005). Es coautor de *El diferendo histórico bilateral entre Cuba y Estados Unidos* (1994) y de *El ejército español en Cuba: 1868-1878* (2000).

Seven Stories Press
Jon Gilbert
140 Watts Street
US-NY, 10013
US
https://www.sevenstories.com
jon@sevenstories.com
510-306-6987

The authorized representative in the EU for product safety and compliance is

Easy Access System Europe
Teemu Kontttinen
Mustamäe tee 50
ECZ, 10621
EE
https://easproject.com
gpsr.requests@easproject.com
358 40 500 3575

ISBN: 9781925317305
Release ID: 153694849

www.ingramcontent.com/pod-product-compliance
Lightning Source LLC
Chambersburg PA
CBHW020933180426
43192CB00036B/899